lebe.jetzt
LIEBE BEZIEHUNG SEX

Arne Hoffmann

Erotische Demütigungen

Erotik-Ratgeber

LEBE.JETZT HARDCOVER
BAND 521
1. AUFLAGE: SEPTEMBER 2020
2. AUFLAGE: AUGUST 2023

VOLLSTÄNDIGE BUCHAUSGABE
ORIGINALAUSGABE

LEBE.JETZT IST EINE MARKE VON

LEKTORAT:
MARIE GERLICH

UMSCHLAGGESTALTUNG: WWW.HEUBACH-MEDIA.DE
GESETZT IN DER TRAJAN PRO,
ADOBE GARAMOND PRO & CORPORATE S

PRINTED IN GERMANY
ISBN 978-3-96641-519-4
WWW.BLUE-PANTHER-BOOKS.DE

Inhalt

Vorwort

Sich von seiner Partnerin auf offener Straße die Schuhspitzen küssen zu lassen … Seinen Partner als lebenden Aschenbecher zu benutzen … Oder ihm zu sagen: »Du hast einen so lächerlich kleinen Schwanz – keine Frau würde jemals mit dir ins Bett gehen wollen« …

All diese Szenarien gehören zur erotischen Demütigung. Für viele Menschen klingt die Vorstellung, sie könnten etwas wie die geschilderten Dinge erleben und dabei große Lust empfinden, befremdlich oder furchteinflößend. Als gesunde Form von Intimität können sie sich das kaum vorstellen.

Für viele andere Menschen sind solche Dinge jedoch reizvoll und faszinierend, und der Schauer, der ihnen beim Gedanken daran über den Rücken läuft, hat nur zum Teil mit Angst zu tun.

Das trifft nicht nur auf eine kleine Minderheit zu. In der ersten Folge der grandiosen TV-Serie »Euphoria« (2019) merkt die Erzählerin an: »Schau dir die zwanzig beliebtesten Sex-Videos beispielsweise auf Pornhub an und du wirst geflutet mit Szenen im Zusammenhang mit Demütigungen – von Beschimpfungen wie ›Schlampe‹ über das Tragen von Ballknebeln bis zum

Anspucken des Partners. Viele von uns würden es nicht offen zugeben, aber mindestens insgeheim finden sie solche Praktiken außerordentlich scharf.«

Aber wie kann man solche Fantasien Wirklichkeit werden lassen, ohne dass man selbst oder der begehrte Partner dabei zu Schaden kommt?

Die Möglichkeit dazu gibt uns Demütigung als Teil des erotischen Spiels. Dieser Ratgeber wird dir erklären, wie du dich an diesem Spiel beteiligen kannst, ohne dass du ein Fiesling oder ein Opfer zu sein brauchst.

Wenn dir bei dieser Vorstellung ein bisschen unbehaglich werden sollte, ist das schon mal ein guter Anfang. Denn es ist besser, wenn du solche Spiele ernst nimmst, sie mit dem nötigen Respekt und der gebotenen Vorsicht angehst, als wenn du sie auf die leichte Schulter nehmen würdest. Denn während SM-Praktiken wie Spanking und Bondage körperliche Schäden hinterlassen können, die man in der Regel bemerkt und um die man sich dann angemessen kümmern kann, bleiben die möglichen Schäden, die eine Demütigung hervorruft, unsichtbar – aber dafür umso länger bestehen. Manchmal viele Jahre.

Aus diesem Grund werden Spiele mit Demütigungen von vielen SM-Liebhabern als *edge play* betrachtet, als Spiel an der Grenze. Wenn das Spiel schiefgeht, können das Missbehagen des Gedemütigten und die Schuldgefühle seines Partners das erotische Vergnügen, das man eben noch zusammen genossen hat, schnell überschatten. Eben noch lief alles bestens, und plötzlich kippt das Spiel und mindestens einer der beiden Partner wird seelisch verletzt.

Dieser Ratgeber erklärt dir in seinem ersten Teil die Grundlagen der gelungenen erotischen Demütigung. Hier erfährst du, wie du ein solches Spiel so gestaltest, dass es lustvoll bleibt, und das Risiko seelischer Verletzungen deutlich gesenkt wird. Außerdem erfährst du, wie du am vernünftigsten mit Verletzungen umgehst, falls sie trotz deiner besten Absichten doch entstehen. Erst wenn du diese Grundlagen gelernt hast, wirst du im zweiten Teil des Buches eine Fülle von Ideen und Anregungen finden, die dir zeigen, wie vielfältig und fantasievoll erotische Demütigungen aussehen können.

Ich wünsche dir, dass du den größtmöglichen Genuss daraus ziehst und nur so viele unangenehme Gefühle, wie du problemlos bewältigen kannst!

Wie funktioniert erotische Demütigung?

Bei einem so heiklen Thema wie dem dieses Ratgebers empfiehlt es sich besonders, es ganz vom Anfang her aufzuschlüsseln. Einiges von dem, was ich in diesem Kapitel erläutere, mag zunächst vielleicht banal klingen. Es bildet aber die Grundlagen für viele sinnvolle Tipps, wie du solche Aktionen am besten gestaltest.

Was ist mit erotischer Demütigung überhaupt gemeint? Offenbar handelt es sich dabei ja um etwas anderes als Unterwerfung und Versklavung und erst recht um etwas anderes als Spanking (also Auspeitschen und Hinternversohlen) und Bondage (also Fesselspiele). Allerdings habe ich im Vorwort soeben das Beispiel eines Ballknebels erwähnt, der eindeutig zum Bondage gehört, dessen Tragen aber auch eine Demütigung darstellen kann. Die Grenzen sind also durchaus fließend statt klar umrissen und es gibt Überschneidungen.

Trotzdem gibt es bei der erotischen Demütigung zentrale Aspekte, die immer oder häufig dazu gehören:

- Im erotischen Rollenspiel wird ein Partner herabgesetzt, als in irgendeiner Form minderwertig dargestellt und dadurch seines Stolzes und seines Selbstrespekts beraubt.

- Er sinkt häufig auf einen sehr niedrigen Status, beispielsweise den eines Sklaven, einer Schlampe, eines Haustiers oder Möbelstücks.

- Ein zentraler Aspekt von Demütigung ist Scham, weshalb sie besonders heftige Gefühle hervorruft, wenn sie vor Zuschauern stattfindet. Bei einer erotischen Demütigung werden deshalb Schwächen, Blößen oder ein sozial nicht akzeptables Verhalten des betreffenden Menschen genüsslich zur Schau gestellt. Oft wird er in irgendeiner Form lächerlich gemacht. In der Regel wird der gedemütigten Person ihr Fehlverhalten von ihrem dominanten Partner befohlen – gerade weil es ihr peinlich ist.

- Oft kommt es zu einer Verletzung der Intimsphäre der betroffenen Person.

- All diese emotionalen Belastungen führen bei der betreffenden Person zu einer erheblichen nervlichen Anspannung, die zum Beispiel in Erröten, Blickvermeidung, dem Abwenden des Gesichtes, Schwitzen und Zittern sichtbar werden kann. Diese Signale können die Lust des dominanten Partners ebenso steigern, wie es die Lust des gedemütigten Partners steigern kann, wenn er sieht, dass es ihm gelingt, seinen Partner sexuell zu erregen.

- Elemente aus anderen SM-Bereichen wie beispielsweise der erwähnte Knebel können zu einer Demütigung beitragen. Ihr Hauptzweck besteht dann in der dadurch erzeugten oder verstärkten Demütigung.

Für einen ersten Überblick sollte das eigentlich verständlich genug sein. Zugleich zeigt sich hier aber auch ein zentraler Aspekt, den man sich erst einmal bewusst machen muss: Es gibt kaum erotische Demütigungen, die aus sich heraus praktisch immer funktionieren. Erotische Demütigungen sind grundsätzlich an eine individuelle Person und einen bestimmten Kontext gekoppelt. Das heißt: Was für den einen extrem demütigend sein mag, ist für den anderen erfüllend und in keiner Weise mit Scham verbunden.

Einige Beispiele veranschaulichen das:

- Fußfetischisten finden es erfüllend, einem anderen Menschen die Zehen küssen und lecken zu dürfen. Für andere Menschen mag es zutiefst demütigend sein, wenn sie zu dieser Handlung gebracht werden. Für wieder andere Menschen kann es gemischte Gefühle geben: Sie finden es toll, Füße zu küssen, und würden einiges dafür tun, aber zugleich sind ihnen ihre Neigung und damit verbundene Aktionen peinlich.

- Sehr unterwürfige Menschen finden es vollkommen angemessen, wenn sie ihren dominanten Partner als »Herr« oder »Herrin« ansprechen. Sie fühlen sich damit wohl und gut aufgehoben. Für andere Menschen stellt es jedes Mal, wenn sie ihren Partner so ansprechen müssen, eine Demütigung dar. Eine Frau, der ihre Emanzipation politisch wichtig ist, dürfte mit dieser Anrede viel größere Probleme haben als eine Frau, die an den Wert stramm konservativer Geschlechterrollen glaubt.

- Für viele Menschen, die sich sogenannten »Petgames« hingeben, ist es nichts anderes als befreiend, in die Rolle eines Hundes schlüpfen zu dürfen und entsprechend behandelt zu werden. Die Last der Alltagsprobleme fällt dabei von ihnen ab. Für andere Menschen würde dieselbe Rolle eine intensive Demütigung darstellen.

- Manche Männer fänden es hochpeinlich, wenn sie »gezwungen« würden, ihrer Partnerin sinnliche Dameunterwäsche am eigenen Körper vorzuführen, weil sie sich dadurch »entmannt« fühlen. Andere Männer genießen es, Geschlechtergrenzen zu sprengen, und würden gern den ganzen Tag in Frauenkleidung herumlaufen.

Wegen dieser und anderer Beispiele behaupten manche sogar: »Man kann einen Menschen nicht ohne sein Einverständnis demütigen.« Das mag bis zu einem gewissen Punkt so sein. Allerdings können die wenigsten von uns sich frei entscheiden, was wir demütigend finden und was nicht. Je heftiger eine Demütigung wird, desto schwerer kann man sich ihr oft entziehen.

Dabei kann ein und dieselbe Handlung unterschiedlich demütigend empfunden werden – je nachdem, in welchem Zusammenhang sie geschieht. Zum Beispiel dürfte es für die meisten Menschen viel einfacher sein, neben ihrem auf einem Stuhl sitzenden Partner auf dem Boden zu knien, wenn sie mit diesem allein sind, als wenn sich andere Menschen um die beiden herum befinden. Es ist auch meistens einfacher, so etwas zu tun, wenn nur Menschen dabei sind, die mit dieser Form von Rollenspielen vertraut sind, als in der Öffentlichkeit, zum Beispiel in einem Café oder gar in Gegenwart von Mitgliedern der eigenen Familie. Viele Männer würden sich eher vor einer Gruppe erniedrigen lassen, die ausschließlich aus Frauen besteht, als wenn noch ein paar andere Männer dabei sind.

Auch andere Faktoren üben einen Einfluss darauf aus, als wie heftig eine Demütigung wahrgenommen wird. Zum Beispiel erklärt man sich gegenüber einem wohlvertrauten Partner oft zu anderen Dingen bereit als gegenüber einem wildfremden. Der persönliche Stil des Partners, der die Demütigung beaufsichtigt, kann eine Rolle spielen: Ist er beispielsweise herrisch und streng oder eher verspielt, sodass er sich sichtlich an der Demütigung ergötzt und spöttische Kommentare abgibt? Die aktuelle Tagesform eines Menschen beeinflusst ebenfalls stark, wie gut er eine Erniedrigung wegzustecken vermag.

Man kann es sich bei Demütigungsspielen also nicht so einfach machen, dass man zum Beispiel denkt: Mein Partner kann auf einer Skala von 1 bis 10 Demütigungen bis zur Stufe 6 problemlos ertragen.

Neben meinem Stuhl zu knien entspricht nur Stufe 4, also brauche ich mir keine Sorgen zu machen. Die menschliche Psyche ist komplizierter und bietet mitunter überraschende Reaktionen – sowohl bei anderen als auch bei sich selbst.

Trotzdem wirst du nach intensiven Gesprächen und einigem Ausprobieren feststellen, dass du oder dein Partner mit bestimmten Formen von Demütigung eher gut zurechtkommt und mit anderen ziemlich schlecht. Das gibt euch die Möglichkeit, Demütigungen zu unterschiedlichen Zwecken einzusetzen:

Zum reinen Lustgewinn.

- Das wäre der Fall, wenn ihr beide eine bestimmte Form von erotischer Demütigung vor allem »geil«, also erotisch anregend und kaum unangenehm empfindet.

Als Bestrafung.

- Wenn eine Demütigung für den Erniedrigten eine emotionale Herausforderung darstellt und ihm wirklich unangenehm ist, dann kann sie der dominante Partner als pädagogische Maßnahme einsetzen: »Wenn du dir nicht genug Mühe gibst, dann kommt als Strafe Folgendes auf dich zu ...«

Um seinen Partner auf seinen Platz zu verweisen,

- also indem man ihm durch seine Demütigung zeigt, dass er nicht mehr als ein »Sklave« ist, mit dem man (in den vorher vereinbarten Grenzen) machen kann, was man will, und der solche Dinge zu ertragen hat.

Zuletzt möchte ich dir hier zum Einstieg einen Überblick darüber geben, welche Kategorien von Demütigung es überhaupt gibt. Das wären die folgenden:

- Verbale Erniedrigung, also die Demütigung allein durch Worte. Oft bringt man hier die Schwächen der erniedrigten Person gezielt zur Sprache. Dazu gibt es in diesem Ratgeber ein eigenes Kapitel.

- Körperliche Demütigung der unterschiedlichsten Art bis hin zu Spielen mit menschlichen Ausscheidungen, also etwa Urin. Auch hierzu gibt es ein eigenes Kapitel in diesem Ratgeber, wobei ich Spiele mit Urin schon in meinem »FemDom«-Ratgeber behandle.

- Das Keuschhalten des Partners, sodass er immer wieder darum betteln muss, endlich wieder einen Orgasmus haben zu dürfen. Hierüber gibt es in dieser Buchreihe mit »Keuschhaltung und Orgasmuskontrolle« einen eigenen Ratgeber.

- Die beaufsichtigte Selbstbefriedigung des Partners unter entwürdigenden Umständen. Dazu gibt es in diesem Ratgeber ein eigenes Kapitel.

- Online-Erniedrigung, bei der ein Partner den anderen über eine größere Distanz hinweg zu demütigenden Handlungen bringt. Dazu gibt es in diesem Ratgeber ein eigenes Kapitel.

- Die Degradierung des Partners zum Tier. Hierüber wurde in dieser Buchreihe mit »PetPlay« ein eigener Ratgeber veröffentlicht.

- Die Degradierung des Partners zum Objekt. Dazu gibt es in diesem Ratgeber ein eigenes Kapitel.

- Das öffentliche Zur-Schau-Stellen des Partners, wobei er in einer nicht gerade schmeichelhaften Form präsentiert wird. Dazu gibt es in diesem Ratgeber ein eigenes Kapitel.

Wie du siehst, werden viele dieser möglichen Formen von Demütigung in diesem Ratgeber eingehend behandelt. Bediene dich einfach an den Ideen, die dir zusagen, sprich mit deinem Partner darüber, experimentiert miteinander, entwickelt bestimmte Einfälle weiter oder kombiniert sie mit anderen. Alles, was zählt, ist, dass ihr beide Spaß daran habt und euch auch nach eurem Orgasmus wohl damit fühlt, was ihr getan habt.

Warum lassen sich manche Menschen gern demütigen?

Nun kann es sein, dass du demütigende Szenen in Pornos anregend findest, dir aber nicht sicher bist, ob es dir wirklich etwas bringen würde, sie im erotischen Rollenspiel selbst zu erleben. Vielleicht machst du dir auch Sorgen, ob bei dir alles in Ordnung ist, wenn du davon träumst, von deinem Partner oder anderen Menschen wie Dreck behandelt zu werden. Oder dein Partner verrät dir, dass er von dir gern gedemütigt werden möchte, und du bist entsetzt oder verstört und fragst dich, ob er dringend therapeutische Hilfe braucht.

Nein, therapeutische Hilfe benötigt ihr keine. Überraschenden, aber inzwischen recht zahlreichen Studien zufolge sind Menschen, die sich im erotischen Spiel erniedrigen lassen, sogar oft stabiler und gesünder als ihre Mitmenschen. Es gibt eine ganze Bandbreite von Gründen, warum es Frauen und Männern gefällt, erniedrigt zu werden:

- Manche Menschen unterwerfen sich gern ihrem Partner. Eine solche Unterwerfung wird durch gelegentliche Erniedrigungen zementiert. Sie wird durch solche Aktionen stärker Teil des Denkens und Fühlens beider Partner. Demütigungen machen das Machtgefälle zwischen den beiden Partnern sehr deutlich.

- Demütigung und Demut sind nicht zufällig ähnliche Wörter und Demut zählt nicht umsonst als Tugend. Wer sich demütigen lässt, kann sich dadurch eher klarmachen, wie unwichtig es für ihn ist, einen hohen Status oder ein immenses Selbstbewusstsein zu besitzen. Stattdessen nimmt er die eigene Verwundbarkeit und Zerbrechlichkeit bewusst an.

- Ironischerweise können Demütigungen aber auch den eigenen Stolz und das eigene Selbstbewusstsein stärken. Wer sich bewusst macht, welche extrem schambesetzten Situationen er schon überstanden hat, ohne einen Schaden davongetragen zu haben, der steckt die gelegentlichen Peinlichkeiten, die ihm das Leben automatisch beschert, viel leichter weg. Wer festgestellt hat, dass er auch unter großen emotionalen Belastungen nicht zerbrochen ist, kann daraus eine ganz besondere Stärke schöpfen.

- Viele Menschen, die SM-Spiele mögen, schätzen an ihnen besonders den Kontrollverlust. Sie können einmal ganz loslassen und sind nicht mehr verantwortlich für das, was mit ihnen geschieht. Während Fesselspiele körperlichen Kontrollverlust bedeuten, stellen Demütigungen oft psychischen Kontrollverlust dar.

- Auch hier kann aber wieder ebenso das Gegenteil zutreffen: Gemeinsam mit dem Partner geplante Demütigungen können auch bedeuten, dass man die Kontrolle über solche Erlebnisse (zurück)gewinnt, statt ihnen machtlos ausgesetzt zu sein. Im erotischen Rollenspiel kann man anders als im Alltag viel besser darauf achten, dass man nicht wirklich emotional verletzt wird.

- Demütigungen bringen einen oft ins Schwitzen, der Puls beginnt zu rasen, die Atmung geht schneller und man ist wirklich aufgeregt. Das sind alles körperliche Reaktionen und Gefühle, die sich auch beim Sex abspielen. Schon deshalb können Demütigungen eine gute Grundlage für sexuelle Aktionen darstellen. Der Übergang von »aufgeregt sein« zu »erregt sein« ist oft fließend.

- Wer gedemütigt ist, kann Dinge tun, die er insgeheim vielleicht ohnehin gern tun würde (zum Beispiel sich vor mehreren anderen Menschen selbst befriedigen), die aber normalerweise einem Tabu unterliegen. Wird einem Menschen derart inakzeptables Verhalten im Rahmen eines Demütigungsspiels befohlen, kann er die Verantwortung für diese Aktionen seinem Partner zuschieben und hat das Gefühl, dass er für die Übertretung des Tabus ja ohnehin gerade »bestraft« wird. Demütigungsspiele sind insofern auch geeignet, um bestehende Hemmungen zu überwinden.

- Sich seinem Partner in einer demütigenden Situation zu zeigen und damit eigene Schwächen offenzulegen, kann eine ganz besondere Intimität herstellen. Diese Bereitschaft zeugt von tiefem Vertrauen in den Partner. Beglückend ist es auch, wenn man spürt, dass man von seinem Partner »trotzdem« akzeptiert und wertgeschätzt wird.

- Auch Masochismus als Antrieb sollte man nicht außen vor lassen. So wie manche Menschen körperliche Schmerzen genießen können, geht es anderen mit seelischen Beeinträchtigungen. Soziale Sanktionen wie z. B. Zurückweisungen werden in derselben Hirnregion wahrgenommen wie körperlicher Schmerz.

Wie ich im vorangegangenen Kapitel angerissen habe, spielt der Zusammenhang, in dem bestimmte Erfahrungen stattfinden, eine große Rolle dabei, wie wir mit ihnen klarkommen. Ein Masochist, der zum Höhepunkt gelangt, wenn er auf die richtige Weise ausgepeitscht wird, gerät nicht in Wallung, wenn er sich versehentlich den Zeh stößt. In ähnlicher Weise können viele Menschen zum Beispiel erotisierte Beschimpfungen genießen, die es andererseits hassen würden, von ihrem Vorgesetzten weniger gehässig zur Schnecke gemacht zu werden. Wer sich in einem erotischen Rollenspiel gern erniedrigen lässt, kann im Alltag darauf verzichten, von unfreundlichen Verkäufern oder unverschämten Angehörigen des anderen Geschlechts herablassend behandelt oder vor Dritten bloßgestellt zu werden.

Viele Psychologen vermuten, dass Menschen, denen demütigender Sex gefällt, mit realen Demütigungen aus dem Alltag fertig werden, indem sie diese mit ihren Fantasien so lange umformen, bis sie lustvoll werden. Der Fachausdruck dafür lautet »sublimieren«. Man findet dieses Verhalten zum Beispiel auch bei Schriftstellern, wenn diese als belastend empfundene Erlebnisse aus ihrem Leben in ihren Büchern literarisch verarbeiten. Im sexuellen Bereich könnte dieses Sublimieren zum Beispiel so aussehen, dass ein Mann, der wiederholt von attraktiven Frauen zurückgewiesen worden ist, eine erotische Fantasie entwickelt, bei der ihn seine Partnerin immer wieder sexuell aufreizt, ihn dann aber nicht zum Zuge kommen lässt, sondern sich nur über ihn lustig macht. Indem der Betreffende das Ganze erotisiert, kann er es schließlich als lustvoll empfinden und dabei bis zum Orgasmus gelangen. Das dürfte ein unbewusster Vorgang sein, der sich über Jahrzehnte hinweg entwickelt.

Warum demütigen manche Menschen gern ihren Partner?

Die Antwort auf diese Frage können wir schneller abhandeln, da sie das vorangegangene Kapitel spiegelt. Auf folgende Weise kannst du Lustgewinn daraus ziehen, dass du deinen Partner demütigst:

- Du hilfst ihm dabei, das zu bekommen, was er aus den soeben genannten Gründen braucht und was ihm gefällt.

- Du kannst aber trotzdem auf kreative Weise deinen Sadismus befriedigen, indem du dir die verschiedensten kleinen Gemeinheiten ausdenkst, um deinen Lover zu piesacken.

- Dein Status und deine Macht werden dadurch erhöht, dass du deinem Partner ungestraft schlimme Dinge antun darfst. Das kann durchaus berauschend sein.

- Auch du kannst die besondere Intimität genießen, die dadurch entsteht, dass dein Partner sich dir gegenüber seelisch verwundbar zeigt und dir damit immenses Vertrauen beweist.

- Du kannst deinem Partner zeigen, dass du ihn auch nach solchen Erniedrigungen liebst, und es genießen, dass du von ihm geliebt wirst, obwohl du ihm solche Gemeinheiten antust.

- Vielleicht macht es dir Spaß, dich stellvertretend durch deinen Partner bestimmten sozialen Tabus zu widersetzen. Auch die Schadenfreude, die du in bestimmten Situationen empfindest, ist ja schon ein Tabubruch, da sie eigentlich kein Gefühl darstellt, zu dem man gern steht.

- Es kann ausgesprochen vergnüglich sein, einem Menschen bei der emotionalen Gratwanderung zwischen starker Scham und extremer Geilheit zuzusehen.

- Anders als bei Spanking und Bondage benötigst du für Demütigungen keine Hilfsmittel und sie hinterlassen auch keine Spuren. Das ist eine praktische Komponente, deren Wert man nicht gering schätzen sollte.

Wo verläuft die Grenze zwischen erotischer Demütigung und Missbrauch?

Vor allem wenn das Thema erotische Demütigung neu für dich ist, kann es gut sein, dass du immer noch nicht ganz überzeugt von diesem Faible bist. Vor allem, wenn du im zweiten Teil des Buches siehst, wie heftig manche dieser Aktionen sein können, mit dem ein Partner den anderen gezielt erniedrigt, fragst du dich vielleicht: Wo besteht hier eigentlich der Unterschied zum Missbrauch einer Person, die sich das aus welchen Gründen auch immer gefallen lässt?

Glücklicherweise kann man diese Unterschiede leicht deutlich machen:

- Missbrauch liegt vor, wenn ihr euch vor entsprechenden Aktionen nicht über eure Wünsche, Bedürfnisse, Grenzen und Tabus unterhalten habt und darüber, wie ihr eure unterschiedlichen Vorstellungen am besten in Einklang bringen könnt. Wie genau ihr das am besten macht, werde ich gleich genauer erklären.

- Missbrauch liegt vor, wenn ein Partner die Grenzen des anderen nicht akzeptiert.

- Missbrauch liegt vor, wenn es einem von euch egal ist, wenn es seinem Partner nach solchen Aktionen schlecht geht, und wenn er ihm nicht dabei hilft, unerwünschte negative Gefühle zu lindern und zukünftig zu unterbinden.

Dass entweder Missbrauch vorliegt oder irgendetwas anderes Wichtiges nicht stimmt, erkennst du am ehesten an den Gefühlen, die solche Demütigungen bei dir hinterlassen. Alarmsignale wären zum Beispiel Ängste, heftige Wut, Depressionen, starkes negatives Aufgewühltsein auch noch lange nach dem Ende eines solchen Spiels, belastende Minderwertigkeitsgefühle und Probleme, zu deinem Partner oder anderen Menschen weiterhin Vertrauen aufzubauen. Wenn du so etwas spürst, solltest du dich darum kümmern, bevor sich diese seelischen Belastungen in anhaltenden Problemen wie Essstörungen, Süchten oder psychosomatischen Beschwerden niederschlagen.

Unterstützt dich dein Partner oder lässt er dich mit deinen Problemen allein?

Eine gelungene erotische Demütigung sollte nicht zu Schädigungen führen, sondern entweder einfach nur aufregend sein oder dir im Idealfall sogar einen bestimmten Nutzen bringen: etwa dass du dich und deine Reaktionen besser verstehen lernst, dass deine Persönlichkeit wächst oder vielschichtiger wird, dass du dich von unschönen Gefühlen und Erinnerungen reinigst oder sie besser in den Griff bekommst oder dass Vertrauen und Nähe zu deinem Partner wachsen.

Wie kannst du Spiele mit erotischen Demütigungen beginnen?

Der erste und für dich vielleicht schwerste Schritt, um erotisch gedemütigt zu werden, besteht darin, deinem Partner erst einmal klarzumachen, dass du das gern möchtest, weil es dich erregt. Dabei hilft es oft schon zu wissen, warum das so ist – vielleicht kannst du dich hier an dem orientieren, was ich in einem der vorangehenden Kapitel darüber geschrieben habe. Bei einem solchen Gespräch stehst du auch vor der Herausforderung, erklären zu müssen, was genau du mit »gedemütigt werden« in deinem Fall eigentlich meinst, also welche konkreten Aktionen du gern mit deinem Partner durchführen möchtest.

Stell dir das nicht so einfach vor: Für viele kann es bereits eine intensive Demütigung darstellen, seinem Partner die eigenen Demütigungswünsche und -fantasien eingehend schildern zu müssen. Selbst Dominas berichten davon, dass Männer sie mit dem Wunsch aufsuchen, abgrundtief gedemütigt zu werden, dann aber nicht damit klarkommen, diese Wünsche konkret zu machen, weil sie das offenbar als zu peinlich empfinden. Andererseits bedeutet das, dass mit dem Schildern solcher Bedürfnisse und Fantasien dein Ausflug in das Reich der erotischen Demütigungen bereits begonnen haben kann.

Wenn du der dominante Partner bist, kannst du aus einem solchen Gespräch bereits euer erstes Spiel machen. Gerade wenn dein Lover verlegen herumstottert, würdest du hier unerbittlich nachbohren – zum Beispiel indem du dich nach seinen heftigsten Demütigungsfantasien oder seiner letzten solchen Fantasie bei der Selbstbefriedigung erkundigst. Die Domina »Princess Kali« rät in einem Grundlagenwerk über erotische Demütigungen, dass man sich nicht mit der ersten Antwort zufriedengeben sollte. Erfahrungsgemäß klingen diese ersten Antworten oft verhältnismäßig harmlos und einigermaßen sozial akzeptabel. Erst wenn man mehrmals nachhakt, erfährt man, was einen Menschen, der auf Demütigungen steht, tatsächlich zu höchster Erregung treiben würde. Wenn die betreffende Person allerdings hier schon den Mund partout nicht aufbekommt, kann man sich leicht ausrechnen, dass ihr zu härteren Demütigungen ohnehin die Nerven fehlen und sie solche Aktionen vielleicht doch lieber nur in ihrer Fantasie erleben sollte.

Du möchtest nicht so schnell die Flinte ins Korn werfen, hast aber Probleme, die richtigen Worte zu finden? Vielleicht kannst du dir helfen, indem du deinem Partner eine Szene aus einem (Online-)Porno zeigst, die genau auf deiner Linie liegt? Womöglich versteht er dann besser, was genau du dir wünschst.

Wenn du gern gedemütigt werden möchtest, ist deinem Partner (und damit auch dir) besonders gut geholfen, wenn dein Partner versteht, warum genau du eine bestimmte Szene oder Vorstellung als demütigend empfindest. Welche Elemente daraus sprechen dich ganz besonders an? Sobald dein Partner das versteht, braucht er nicht genau diese eine Szene umzusetzen, sondern kann sich selbst etwas ausdenken, das bei dir genau diese Punkte trifft. Er kann dann selbst kreativ werden und eigene Ideen und Vorlieben mit ins Spiel bringen, statt nur ein vorgegebenes Drehbuch realisieren zu müssen.

Habt ihr euch grundsätzlich darauf geeinigt, dass ihr es mit erotischen Demütigungen ausprobieren möchtet, empfiehlt sich dasselbe wie bei allen anderen

SM-Spielarten: Beginnt erst einmal langsam und sozusagen im flachen Anfängerbecken, statt gleich vom Zehn-Meter-Brett ins tiefe Wasser zu springen. Verschärfen könnt ihr die verschiedenen Aktionen immer noch. Aber wenn ihr es schon zu Beginn mit einem Spiel versucht, das der gedemütigte Partner überraschend schlecht verarbeiten kann, wäre das ein sehr unschönes Erlebnis. Möglicherweise schadet es dann sogar eurer Beziehung.

Es macht also Sinn, wenn ihr zum Beispiel erst einmal mit verbaler Demütigung beginnt, um zu testen, wie gut das läuft. Kommt ihr beide damit klar, wenn einer den anderen als »Schlampe« oder als »Loser« bezeichnet? Es kann sein, dass gerade so etwas einen von euch mehr stört, als wenn ihr ein Spiel probiert, bei dem die gedemütigte Person die Hunderolle übernimmt und Wasser aus einem Napf trinken oder mit dem Schwanz wedeln soll. Macht es euch erst einmal so leicht wie möglich. Solche Spiele sind kein Wettbewerb, sondern eine Methode, herauszufinden, was man mag und was in der Wirklichkeit genauso gut, besser oder schlechter funktioniert als im Kopfkino. Spürt euren Empfindungen nach: Gefällt euch das, was ihr da tut? Bringt es euch beide sexuell in Fahrt? Was könnt ihr tun, damit es besser funktioniert? Gibt es störende Elemente, die euer Vergnügen beinträchtigen, die ihr aber leicht beseitigen könnt? Haltet ruhig immer wieder Rücksprache, um zu erfahren, wie es dem anderen gerade geht. Erwartet zu diesem Zeitpunkt eher Herumtüfteln als die erhoffte Ekstase: Ein Golfspieler, der zum ersten Mal einen Ball vom Abschlag zu dreschen versucht, macht dabei fast mit Sicherheit ja auch kein Hole-in-one. Nach und nach solltet ihr herausfinden, ob solche Aktionen euch beiden gefallen und euch beiden Lust bereiten können.

Wie verhinderst du, dass eine erotisch Demütigung seelische Schäden hinterlässt?

Es kann durchaus sinnvoll sein, erotische Demütigung erst mal auf verbaler Ebene zu beginnen. Aber jeder von uns weiß, dass auch Worte Verletzungen hinterlassen können – mitunter tiefere und dauerhaftere Verletzungen als solche, die durch körperliche Misshandlungen entstehen. Wenn ein Partner beispielsweise dem anderen im erotischen Rollenspiel mitteilt, dass er ihn für das Widerlichste hält, was je unter einem Stein hervorgekrochen ist, unfähig, wertlos, hässlich und verdorben, dann ist es gut denkbar, dass diese Worte bei dem so Beschimpften auch dann noch nachklingen, wenn das Rollenspiel längst beendet ist. Das kann das Selbstbewusstsein des Gescholtenen dauerhaft beschädigen und außerdem die Beziehung gefährden oder sogar zerstören. Genauso heikel ist die Angelegenheit für denjenigen, der diese abschätzigen Worte auszusprechen hat. Auch er kann gehörig durcheinandergebracht werden, wenn er sich so fies und unverschämt verhalten soll. Wenn er dann noch feststellt, dass er dabei Lust empfindet, wird er sich möglicherweise fragen, was für ein Mensch er eigentlich ist.

Nicht weniger riskant ist es, wenn der dominante Partner die Verachtung, die er im Spiel seinem Partner gegenüber ausgedrückt hat, in den Alltag übernimmt – oder wenn sein Partner eben das befürchtet. Geht der Dominante noch einen Schritt weiter und ohrfeigt seinen Partner oder spuckt ihm ins Gesicht, wiegen all diese Probleme oft noch schwerer. Beide Partner sollten also interessiert daran sein, zwischen Spiel und Alltagswirklichkeit eine klare Grenze zu ziehen.

Ein anderes Problem besteht darin, dass vor allem ungewollte und unerwünschte Demütigungen bei der betroffenen Person zu starken Reaktionen führen können, beispielsweise zu Wutausbrüchen. Viele Dominas sind deshalb sehr vorsichtig, wenn ein Gast emotionale Erniedrigungen von ihnen verlangt, weil sie das Risiko im Blick haben, dass er ihnen gegenüber urplötzlich explodiert.

Eine Maßnahme, um die genannten Probleme zu lösen, besteht in einer gründlichen Absprache beider Partner vor dem Spiel. Hier sollte man sich Zeit nehmen, um die Regeln des Spiels gemeinsam festzulegen, insbesondere welche Formen der Demütigung erwünscht sind und welche nicht. Zum Beispiel könnte derjenige, der erniedrigt werden möchte, seinem Partner deutlich machen, dass es ihn scharfmacht, wenn er als ständig geile Schlampe bezeichnet wird oder er seinem Lover die Füße küssen muss, es ihn dagegen eher kalt lässt, wenn dieser sich verächtlich über seinen unsportlichen Körperbau äußert, und dass es ihn ernsthaft kränken und verstören würde, wenn sein Partner sich demonstrativ über seine Potenzprobleme und seinen ausbleibenden beruflichen Erfolg amüsierte. Sehr oft ist es nämlich so, dass man gerade wegen Dingen, die man wirklich als Problem betrachtet und die einen an sich selbst zweifeln lassen, lieber nicht auch noch im Rollenspiel angegriffen werden möchte. Aber auch das ist bei jedem Menschen anders. So kann es ein Mensch erotisch anregend finden, wegen seiner angeblich unzureichenden körperlichen Ausstattung niedergemacht zu werden, aber nicht dafür, dass er zu wenig Geld verdient – und bei einem anderen kann es genau umgekehrt aussehen. Solche Dinge sollten deshalb besser vorher geklärt werden, zum Beispiel durch das Festlegen bestimmter Grenzen: »Du kannst dich über alles lustig machen, aber lass bitte folgende wunde Punkte aus dem Spiel: …«

Tiefer als beabsichtigt gehen häufig Verletzungen, die mit dem körperlichen Erscheinungsbild oder Gewicht zu tun haben, einem niedrigen sozialen Status, früherem Versagen bei Dingen, die einem wichtig waren, tatsächlich vorhandenen Charaktermängeln oder anderen Faktoren, die die betroffene Person bei sich selbst als Schwäche wahrnimmt. Hier lauern mitunter echte Landminen. Frauen, selbst die hübschesten, scheinen oft einen wunden Punkt zu haben, wenn es um ihr Aussehen geht. Generell gesprochen sind viele Männer empfindlich bei der Länge ihres Penis, viele Frauen bei Form und Größe ihrer Brüste. Als besonders heikle Punkte gelten oft auch der ethnische Hintergrund und die Religion eines Menschen – andererseits habe ich schon Dominas interviewt, deren Gäste auf genau dieser politisch höchst inkorrekten Grundlage heruntergemacht werden möchten und diesen Wunsch auch erfüllt bekommen. Es ist verständlich, wenn du –

anders als diese Dominas – davor zurückschreckst, deinen Partner zum Beispiel mit rassistischen Äußerungen zu erniedrigen oder ihn zu bitten, dadurch gedemütigt zu werden. Es gibt aber auch die Argumentation, dass so etwas nur dann problematisch sei, wenn der dominante Partner auf diese Weise einen tatsächlich in ihm vorhandenen Rassismus austobt beziehungsweise wenn der devote Partner sich wegen seiner Hautfarbe oder Herkunft tatsächlich für minderwertig hält. Solange es sich um ein erotisches Spiel mit vorheriger Absprache, Safewords und anderen Vorkehrungen handelt, die beiden Partnern emotionale Sicherheit geben, ist an einem solchen Rollenspiel genauso wenig auszusetzen wie an einem Spielfilm, in dem ein Schauspieler rassistisches Verhalten zeigt. Außerhalb des Spiels sollte jedenfalls allen Beteiligten klar sein, dass alle Menschengruppen gleichwertig sind.

Kniffliger, als man zunächst glaubt, wird die Angelegenheit mitunter dadurch, dass wir uns unserer wunden Punkte oft gar nicht vollständig bewusst sind. Kannst du zum Beispiel mit Sicherheit sagen, mit welchen Erniedrigungen du im Rollenspiel gut zurechtkämst und welche zu viel für dich wären? Sicher, vergangene Erfahrungen mit Demütigungen – innerhalb und außerhalb erotischer Rollenspiele – sind hilfreich.

Aber oft findet man erst durch Versuch und Irrtum heraus, welche Erniedrigungen einen heißmachen und welche wie eine kalte Dusche wirken und einen aus dem Spiel herausreißen. Beides sollte man sich für die Zukunft merken. Wenn du allerdings bereits weißt, welche Demütigungen mit einiger Sicherheit ungünstig sein dürften – zum Beispiel weil du schon in der Schule von einem Widerling auf diese Weise beschimpft wurdest –, dann hilft es deinem Partner, wenn du ihm diese Hintergründe und Ursachen erklären kannst. Dadurch entwickelt er hoffentlich ein immer besseres Einfühlungsvermögen für solche Dinge.

Einige weitere Tipps für das Gelingen dieses Gesprächs:

- Unterhaltet euch nicht nur über die Erniedrigungen, denen einer von euch unterzogen werden soll, sondern auch darüber, welche Haltung und innere Einstellung der andere dabei zeigen sollte. Beispielsweise besteht ein großer Unterschied zwischen einem verächtlich-strengen und einem verächtlich-amüsierten Auftreten. Für viele Menschen stellt eine der Varianten einen erheblich stärkeren Kick als die andere dar.

- Bei einer solchen Unterhaltung könnt ihr auch weitergehende Sicherheitsfragen ansprechen: Muss der Gedemütigte etwa vor sexuell übertragbaren Krankheiten geschützt werden, weil er mit Körperflüssigkeiten in Kontakt kommt, oder muss er beispielsweise bei einem Zurschaustellen vor Publikum vor möglichen Übergriffen bewahrt werden, die aus diesem Publikum erfolgen könnten?

- Vergesst nicht, dass Demütigungsspiele beiden Partnern Lust bereiten sollen. Weil der gedemütigte Partner in einer besonders heiklen Lage ist, liest sich vielleicht vieles der vorangegangenen Seiten so, als müsste man nur auf dessen Bedürfnisse achten. Dem ist nicht so. Wenn solche Spiele nicht erkennbar den Sinn haben, dem Partner, der gedemütigt werden möchte, einen Gefallen zu tun (zum Beispiel im Gegenzug zu erotischen Spielen, die vor allem seinem Lover Freude bereiten), solltet ihr einen Weg finden, die Wünsche und Vorstellungen von euch beiden in Einklang zu bringen. Der Partner, der die Erniedrigungen in die Wege leitet, möchte vermutlich kein reiner Erfüllungsgehilfe bei den sexuellen Fantasien des anderen sein.

- Ein solches Gespräch ist eine gute Gelegenheit, dem Partner, auf den die Erniedrigungen zukommen, noch einmal zu versichern, dass sie nichts an der menschlichen Achtung ändern werden, die der andere ihm entgegenbringt.

- Unter Umständen kann ein solches Gespräch dadurch erleichtert oder eingeleitet werden, dass ein Partner für den anderen eine kurze erotische Geschichte schreibt, wie in seinen Augen die ideale Demütigung aussehen sollte.

Außer einem einleitenden Gespräch *vor* solchen erotischen Spielen ist oft ein weiteres Gespräch *nach* solchen Spielen sinnvoll. Bei dieser rückblickenden Unterhaltung könnt ihr euch ein wenig Zeit nehmen, um über die Erfahrungen zu sprechen, die ihr gerade mit euch selbst und miteinander gemacht habt, und darüber, welche Gefühle das Spiel bei euch ausgelöst hat. Das ist auch eine gute Gelegenheit für derjenigen, der für die Demütigungen verantwortlich war, seinem Partner positive Botschaften zu senden, die seinen Wert als Mensch bestätigen und deutlich machen, dass er ihn nicht wirklich für minderwertig hält. Je tiefer der Gedemütigte gesunken ist, desto mehr Zuwendung tut ihm in dieser Situation gut. Auch kann sich der Partner des Erniedrigten jetzt vergewissern, ob bestimmte Aktionen nicht doch zu weit gegangen sind.

Einige weitere Tipps hierzu:

- Es kommt öfter mal vor, dass jemand nicht sofort nach einem Demütigungsspiel realisiert, welche negativen Empfindungen und langfristige Verunsicherungen es in ihm ausgelöst hat. Deshalb kann es vernünftig sein, dieses Gespräch ein paar Tage später noch einmal aufzugreifen.

- Männer neigen eher als Frauen dazu, sich nicht anmerken zu lassen, dass sie eine seelische Belastung erschüttert hat, denn »echte« Männlichkeit wird immer noch gern mit einem dicken Fell und einer emotionalen Robustheit verbunden. Ein Mann, der Schwäche zeigt, muss häufig noch heute Angst haben, als erotisch weniger attraktiv wahrgenommen zu werden. Wenn dein Partner also männlich ist, höre ihm besonders aufmerksam zu und ermuntere ihn, über Missbehagen zu sprechen. Zur Not magst du vielleicht rhetorisch ein bisschen tricksen, also eher nicht fragen: »Fandest du bei diesem Spiel etwas besonders schlimm?«, sondern eher: »Was könnten wir bei diesem Spiel noch optimieren?«

- Menschen beiderlei Geschlechts, die sich mit solchen analytischen Gesprächen eher schwertun, ist möglicherweise geholfen, wenn der Gedemütigte für seinen Partner ein »Dankschreiben« oder einen ähnlichen Text verfasst, in dem er erklärt, wie es ihm bei diesem Spiel ging.

- Auch hier gilt, dass jede Empfehlung in diesem Ratgeber zu dir und deiner Situation passen muss. Beispielsweise kann ein solches Nachgespräch von dir und deinem Lover unerwünscht sein, wenn ihr euch in keiner festen Partnerschaft befindet, sondern nur zu solchen Spielen trefft, wobei für euch der Kick gerade darin besteht, dass der eine den anderen lediglich demütigt. Ihr wärt dann also in einer rein sexuellen Spiel-Beziehung, und tiefgründig-einfühlsame Gespräche würden euch den Spaß an der Sache eher verderben. Vielleicht empfindet der Gedemütigte auch die Vorstellung besonders scharf, dass er »wirklich« erniedrigt wurde, und es ist ihm komplett schnuppe, ob ihn sein SM-Spielpartner ansonsten auf menschlicher Ebene wertschätzt oder nicht. Womöglich führt die fehlende Tiefe der Verbindung zwischen euch beiden auch dazu, dass der gedemütigte Partner diese Erfahrung als viel weniger heftig empfindet. Kurz: Wenn ihr beide kein Bedürfnis nach einem solchen Klärungsgespräch habt, kann es völlig okay sein, wenn es wegfällt. Ihr braucht euch nicht dazu zu zwingen.

- Allerdings sollte man auch daran denken, dass zwar möglicherweise der Gedemütigte keinen Bedarf für ein solches Gespräch sieht, sein Partner aber schon, weil er wissen möchte, ob auch wirklich alles okay ist, ob er alles richtig gemacht hat, ob er Schuldgefühle haben sollte und so weiter.

Bist du, wenn du die Regeln solcher Gespräche einhältst, also im grünen Bereich, was das Vermeiden seelischer Verletzungen angeht? Ich fürchte nicht. Ein Mann, den ich einmal zu solchen Aktionen interviewt habe, sagte mir dazu:

»Worauf man achten soll, um niemanden zu überfordern? Fehlanzeige. Ich glaube, da kann man auf nichts achten. Man muss das Risiko einfach eingehen, wenn man bereit ist, auf dieser Ebene zu spielen. Tipps wie ›Man muss sich lange kennen‹ oder ›Man muss sich hinterher zeigen, wie lieb man sich hat‹ sind bestimmt nicht falsch, aber eine Verletzung der Seele funktioniert einfach nicht berechenbar, sondern völlig unkontrolliert. Für mich sind Demütigungsspiele ein bisschen wie Ficken ohne Kondome. Egal, wie sehr man aufpasst, es ist immer mit Risiken verbunden.«

Ich fürchte, diese Einschätzung ist leider richtig. Im ungünstigen Fall kann schon das Berühren eines einzigen wunden Punktes ein Spiel entgleiten lassen, das bis dahin wunderbar funktioniert hat.

Wie geht man mit diesem unvermeidlichen Risiko um?

Auch hierzu einige Tipps:

- Bei erotischen Demütigungen kann man genauso wie bei anderen SM-Spielen ein Safeword verwenden: ein Codewort, mit dem man seinem Partner signalisiert, dass man seine Grenze erreicht hat, weshalb das Spiel augenblicklich abgebrochen werden sollte. Dabei muss sich der Gedemütigte darauf verlassen können, dass das auch tatsächlich sofort geschieht, und sein Partner darauf, dass der Gedemütigte sein Safeword auch verwendet, statt aus purem Stolz durchhalten zu wollen, obwohl er emotional schon am Ende ist. Leider kommt es in der Hitze des Gefechts mitunter vor, dass der Gedemütigte die Möglichkeit eines Safewords vergisst. Sein Partner sollte also auch auf andere Signale dafür achten, dass es ihm schlecht geht, beispielsweise Körpersprache, Atmung und Mimik.

- Denkbar wäre auch die Verwendung eines Ampelcodes, bei dem »grün« bedeutet: »Mir geht es gut, bitte so weitermachen«, mit »gelb« würde man ausdrücken, dass man sich langsam seiner Grenze nähert, und »rot« wäre die dringende Aufforderung zum Abbruch. Sinnvollerweise versucht man zu vermeiden, dass »rot« jemals ausgesprochen werden muss.

- Ob ein Safeword vereinbart ist oder nicht: Bei Demütigungsspielen sollte derjenige Partner, der nicht erniedrigt wird, jederzeit damit rechnen, dass er in Sekundenschnelle vom gemeinen Fiesling zu jemandem umschalten muss, der seinen Partner emotional auffängt.

- Wer seinen Partner demütigt, kann seinen Lover immer auch einfach fragen, wie es ihm gerade geht. Dazu muss er seine Rolle nicht unbedingt verlassen, sondern kann zum Beispiel eine Formulierung wie: »Das gefällt dir, du geiles Stück, oder?« verwenden, die die Demütigung unter Umständen sogar noch weiter verschärft. Mit etwas Übung findest du vermutlich eine Formulierung, die zu eurer Spielsituation passt.

- Es kann hilfreich sein, den Partner, der gedemütigt werden soll, schon bei der Absprache vor der Aktion zu fragen: »Was genau hättest du gern, das ich für dich tue, wenn es dir doch zu viel wird? Brauchst du, wenn du von etwas emotional überfordert bist, eine Umarmung? Oder eher, dass man dich in Ruhe lässt? Was könnte ich sonst für dich tun?« Entsprechend schnell und gezielt kann man im Ernstfall reagieren. Zwar kann es sein, dass die betroffene Person in der konkreten Situation doch etwas anderes benötigt, als sie zuvor vermutet hatte, aber oft weiß man ja, was einem grundsätzlich hilft, aus einem seelischen Loch zu kommen. Für den Partner, der den anderen gedemütigt hat, kann ein solcher Notfallplan eine starke Entlastung bedeuten. Er macht sich im Ernstfall sonst vielleicht Sorgen, dass er gerade schon etwas falsch gemacht hat und jetzt vielleicht auch noch falsch auf den emotionalen Stress seines Partners reagieren könnte. Da hilft es, wenn er eine generelle Orientierung zur Hand hat.

- Mögliche »Rettungsmaßnahmen« im Fall einer Nervenkrise sind außer der erwähnten Umarmung und dem In-Ruhe-Lassen beispielsweise aufbauende und wertschätzende Worte, etwas zu essen oder zu trinken, eine Decke oder ein Plüschtier zum Kuscheln, eine gründliche Analyse dessen, was gerade passiert ist, oder etwas Ablenkendes wie ein guter Film.

- Es ruiniert spätere Demütigungsspiele nicht, wenn der Partner, der den anderen erniedrigt, diesen um Verzeihung bittet, wenn ein Spiel schiefgegangen ist: »Ich habe das nicht vorhergesehen. Es tut mir leid. Ich werde das nicht wiederholen.« Eine solche Bitte um Entschuldigung kann dem Gedemütigten die verloren gegangene emotionale Sicherheit wiedergeben.

Einige abschließende generelle Hinweise zu erotischen Demütigungen:

- Achtet darauf, dass die Erniedrigungen nur innerhalb eines Spiels stattfinden, das von einem einleitenden und abschließenden Gespräch gerahmt werden kann. Der Spieler, der den anderen demütigt, sollte vermeiden, dass entsprechende Verhaltensweisen in den Alltag der Partnerschaft hineinsickern, was zum Beispiel dadurch geschehen kann, dass er seinen Lover scheinbar scherzhaft als »kleine Schlampe« betitelt oder sich zu Anspielungen und Sticheleien im Zusammenhang mit den Erniedrigungsspielen hinreißen lässt. Hier besteht die Gefahr, dass sich dieses Verhalten verselbstständigt und der im Spiel gedemütigte Partner den Eindruck gewinnt, auch insgesamt als minderwertig betrachtet zu werden.

- Achtet außerdem immer darauf, dass die im Spiel gedemütigte Person keinen bleibenden Schaden in ihrem Beruf oder ihrem Privatleben außerhalb der Partnerschaft davontragen kann. Insbesondere öffentliche oder halb-öffentliche Demütigungen stellen hier oft eine Gratwanderung dar.

- Wenn dein Partner dir eröffnet, dass er von dir gedemütigt werden möchte, mach dir klar, dass das ein enormes Vertrauen deines Partners in dich als Person zeigt. Beantworte dieses Vertrauen immer mit der angemessenen Wertschätzung.

- Manche Menschen suchen sich für erotische Demütigungen auch jemand anderen als ihren Partner, weil sie sich nur dann dem Spiel überlassen können, ohne Angst haben zu müssen, dass es ihre Partnerschaft beeinträchtigt. Andere finden nur bei ihrem Partner die Sicherheit, nach dem Spiel emotional aufgefangen zu werden. Finde heraus, was für dich und deinen Partner am besten passt.

- Viele Demütigungsfantasien lesen sich wirklich erregend, funktionieren für verschiedene Menschen aber nur im Kopfkino. Stell dich darauf ein, dass du diese Erfahrung machen kannst.

So viel zu den grundsätzlichen Ratschlägen für Demütigungsspiele, die bis jetzt noch eher abstrakt gehalten waren. Schauen wir uns nun einmal konkret an, in welchen zahlreichen Facetten solche Aktionen möglich sind.

Wie kann verbale Demütigung aussehen?

Wenn du oder dein Partner auf Erniedrigung durch Worte steh(s)t, gibt es dafür zwei Wege.

In der einen Variante wird die Sprache von dem Partner eingesetzt, von dem die Demütigungen ausgehen. Einige mögliche Aktionen:

- Unterziehe deinen Partner einem Verhör, bei dem er intime Fragen zu beantworten hat, die er als unangenehm empfinden kann, beispielsweise: »Wie oft und auf welche Weise befriedigst du dich normalerweise selbst?«, »Was war dein peinlichstes Erlebnis beim Sex?«, »Hast du schon mal dein eigenes Sperma probiert?«, »Was sind die ungewöhnlichsten Methoden, mit denen du schon einmal Sex gehabt/dich schon einmal selbst befriedigt hast?« Dieses Spiel ist demütigender bei Menschen, die einander kaum kennen. Es bietet sich auch für Online-Demütigungen an.

- Setze deinen Partner mit immer wieder eingeflochtenen Beschimpfungen wie »Schlampe«, »Hure«, »Loser« und »Idiot« herab, durch Betitelungen wie »Sklave« oder indem du deinen Partner als in irgendeiner Weise mangelhaft beschreibst (etwa als dämlich, nutzlos oder widerlich).

- Auch körperliche Eigenheiten wie die Penisgröße (»Du nennst das da einen Schwanz?«) oder Erektionsprobleme und Verhaltensweisen wie »Gefräßigkeit« und angeblich mangelnde sexuelle Finesse kannst du zur Zielscheibe von Spott und Verachtung machen. Mach dich darüber lustig, wie unzureichend dein Partner im Bett ist und dass niemand ihn in diesem Bereich ernst nehmen kann.

- Du kannst signalisieren, dass dir die Gefühle deines Partners herzlich egal sind, indem du dich in spöttischem Tonfall darüber lustig machst. Wenn du ihm zum Beispiel für längere Zeit einen Orgasmus verweigerst, könntest du Sätze sagen wie: »Du würdest jetzt wirklich gern kommen, darfst aber nicht? Ooooch, das ist aber wirklich blöd für dich …«

In der anderen Variante muss sich der gedemütigte Partner sprachlich erniedrigen:

- Wenn du dich in dieser Rolle befindest, müsstest du deinen Partner beispielsweise jedes Mal um Erlaubnis fragen, ob du auf Toilette gehen, Geld ausgeben oder etwas essen darfst.

- Dein Partner kann verlangen, dass du Befehle oder Erniedrigungen wiederholst, um zu zeigen, dass du sie akzeptierst.

- Dein Partner kann auch von dir verlangen, Dinge zu sagen, mit denen du dich selbst herabsetzt (»Ich bin eine dauergeile, dumme Schlampe«). Er kann dir befehlen, ausführlich zu erklären, was für ein minderwertiges Geschöpf du im Vergleich zu ihm bist. Die Vorteile dieses Vorgehens bestehen darin, dass es zum einen deinem Partner geistige Arbeit erspart und dir zum anderen mehr Kontrolle erlaubt. Die Gefahr, dass dein Partner etwas von sich gibt, das dich auf einer tieferen Ebene statt nur im Rahmen des Spiels verletzt, besteht hier nicht. Tabus sowie echte persönliche Empfindlichkeiten bleiben unangetastet.

- Du hast deinen Partner grundsätzlich mit »Herr« oder »Herrin« anzusprechen – auch in der Öffentlichkeit.

- Ebenso kann dein Partner verlangen, dass du ihn mit Schmeicheleien und Huldigungen in den Himmel hebst, obwohl er gemein zu dir ist.

- Dein Partner kann dir beibringen, über dich selbst nur in der dritten Person zu sprechen, als wärst du ein Objekt (»Diese geile Sklavenhure möchte so gern ficken, Herr«).

- Es gibt auch die Möglichkeit eines Frage- und Antwortspiels, etwa in dieser Form: »Wem gehört dein Schwanz?« – »Euch, Herrin.« Hier hat der Dominante mehr Kontrolle, merkt aber an Art und Tonfall der Antworten eher, wenn sein Partner die Wucht des Wortwechsels ein wenig zurücknehmen möchte, und kann sich danach richten.

Um deinen Partner mit Worten zu demütigen, brauchst du vor allem das Talent der Schauspielerei. Viel hängt hier davon ab, wie gut es dir gelingt, in die Rolle eines sadistischen Miststücks zu schlüpfen, dem es Spaß macht, den anderen zu verspotten, zu schikanieren und zu quälen. Ich habe im Laufe meines Lebens eine ganze Reihe von Frauen kennengelernt, denen es wunderbar gelungen ist, eine solche Persönlichkeit zu verkörpern, aber auch in Sekundenschnelle zu ihrer ursprünglichen Person und dem gewohnten sozialen Miteinander zurückzufinden – oft während ich noch emotional in der gerade beendeten Szene verhaftet war und erst durch das veränderte Verhalten meiner Spielpartnerin herausgeholt wurde. Die Herausforderung bei der erotischen Demütigung besteht darin, kurzzeitig so denken und empfinden zu können, wie es jemand tun würde, der tatsächlich die gespielte Verachtung empfindet und sie mit gehässigen Bemerkungen zum Ausdruck bringen möchte.

Die folgenden Tipps können dir dabei helfen, die von dir und deinem Partner ausgewählte Rolle überzeugend zu verkörpern:

- Gestalte das Spiel so, dass es dir größtmögliches Vergnügen bereitet. Je mehr Spaß du an der Demütigung deines Partners hast, desto intensiver wird er sie empfinden. Steh dir nicht selbst im Weg, indem du bei jedem Satz darüber nachdenkst, ob er auch akzeptabel ist, sondern sprich so flüssig und selbstverständlich wie möglich. Im Idealfall klingst du zum Teil immer noch wie du selbst, aber zugleich machtvoller – als wäre dein Partner plötzlich dein Untergebener oder Untertan. Gewöhne dich daran, deinem Lover Anweisungen zu geben.

- Setze Requisiten ein, die zum von dir angenommenen Charakter passen: zum Beispiel eine Zigarette, deren Rauch du deinem Lover ins Gesicht blasen kannst.

- Beschreibe deinem Partner amüsiert die Reaktionen, die du an ihm bemerkst, beispielsweise ein Erröten, Schweiß oder eine Versteifung der Nippel. Das kannst du gern in einem amüsierten Tonfall tun.

- Unterstelle ihm Gedanken und Gelüste, die ihm peinlich sein sollten. (»Es hätte dir gefallen, wenn ich dir eben im Bistro den Hintern versohlt hätte, während die hübsche Kellnerin und alle anderen Gäste uns dabei zugesehen hätten, nicht wahr?«) Fordere von deinem Partner, dass er solche Dinge »zugibt«. Drücke deine Fassungslosigkeit über seine Verdorbenheit und seine »perversen Gelüste« aus.

- Sprich mit ihm wie mit einem kleinen Kind, wenn du ihm erklärst, was er – angeblich – falsch gemacht hat.

- Mach deinen Partner kirre, indem du unvorhersehbar zwischen Sanftheit und Strenge, zwischen Flüstern und Anblaffen wechselst, bis er gar nicht mehr weiß, worauf er sich einstellen soll.

- Unterbrich ihn, wann immer es dir gefällt.

- Bringe imaginäre Zeugen ins Spiel. (»Was deine Kollegin wohl denken würde, wenn sie dich so sehen könnte? Sag mal, hast du zufällig ihre Nummer? Ich frage mich, ob sie gerade Zeit hat …«) Mit etwas Geschick kannst du deinen Partner so durch eine längere Fantasie führen, die sich durchaus realitätsnah anfühlt.

- Weise deinen Partner an, dass er dir immer sofort mitzuteilen hat, wenn er sich gerade erregt fühlt – auch wenn ihr zusammen in der Öffentlichkeit unterwegs seid.

- Zeige deinem Partner wirklich bizarre Pornos und fordere ihn auf, bei dem Gezeigten alle Dinge zu nennen, die ihn erregen.

- Verbiete ihm komplett, zu reden, und bringe ihm stattdessen bei, sich mit dir durch Grunzlaute zu verständigen. Besorge ihm aus dem Kostümverleih eine Schweineschnauze, die er in dieser Zeit tragen muss, bis du wieder Lust hast, dich wie gewohnt mit ihm zu unterhalten.

Wie kann körperliche Demütigung aussehen?

Wenn du deinen Partner auf körperlicher Ebene demütigen möchtest, kannst du zum Beispiel zwischen folgenden Methoden wählen:

- Du entlädst Flüssigkeiten deines Körpers (Speichel, Sperma, Urin) auf den Körper deines Partners, insbesondere in sein Gesicht. Auch das Gesicht mit einem Penis »auszupeitschen«, kann erniedrigend sein.

- Du stößt mit dafür geeigneten Objekten, zum Beispiel einem Dildo, in den Hintern deines Partners.

- Du lässt deinen eigenen Körper durch Küssen und Lecken verehren, wobei sich dein Lover insbesondere »unreinen« Zonen wie deinem

Hintern oder deinen Füßen zu widmen hat. Aber auch dass du deinen Partner anweist, dich zu massieren, kann demütigend für ihn sein – eben wenn er es als demütigend empfindet.

- Du schlägst oder fesselst deinen Partner. Spanking und Bondage sind zwar eigene Praktiken im SM-Bereich, können aber auch ein starkes Gefühl der Erniedrigung herbeiführen.

- Du befiehlst deinem Partner, absurde körperliche Übungen auszuführen (»Hampelmann«, auf der Stelle rennen etc.). Das Spiel wird verschärft, wenn sich dein Partner in peinlicher Kleidung wie beispielsweise einem Dienstmädchenkostüm zum Affen machen muss.

- Du stellst bestimmte Regeln auf, wie sich dein Partner körperlich zu verhalten hat. Er darf sich dann beispielsweise für einen von dir festgelegten Zeitraum nur unterhalb deiner Gürtellinie bewegen, sich nicht auf Möbel setzen, einen bestimmten Raum nicht ohne deine Erlaubnis verlassen oder betreten und so weiter. Wenn dein Partner männlich ist, kannst du solche Regeln auch so durchsetzen, dass er gar nicht die Möglichkeit hat, dagegen zu verstoßen. Beispielsweise gibt es ein Sexspielzeug mit dem hübschen Namen »Humbler« (zu deutsch: »Demütiger«), der es Männern, die auf allen vieren kauern, unmöglich macht, sich zu erheben. Um dieses Toy selbst herzustellen, brauchst du nicht mehr als zwei dünne, lange Stöcke und ein paar stabile Gummibänder. Du packst die Hoden deines mit leicht geöffneten Beinen vor dir knienden Partners, ziehst sie durch seine Schenkel nach hinten und klemmst den Hodensack zwischen die Stäbe, die du dann mit den Gummibändern umwickelst. Dein Partner wird jetzt von seinen eigenen Hoden in einer Stellung gehalten, aus der er sich nicht mehr aufrichten kann, und kann nur noch aus der Perspektive eines Hundes zu dir aufschauen.

- Dein Lover muss seinen Körper von dir »medizinisch« untersuchen lassen. Das kannst du an verbale Demütigungen koppeln, etwa indem du abschätzige Kommentare darüber äußerst, wie »ausgeleiert« die Möse deiner Partnerin aussieht.

Eventuell beschließt du auch, den Körper deines Partners mit eiskaltem Wasser »reinigen«, also beispielsweise abspritzen zu müssen.

Wie machst du deinen Partner zum Objekt?

Eine Variante der Demütigung stellen sogenannte »Depersonalisierungs-Spiele« dar, bei denen du deinen Partner auf die Stufe eines Objekts reduzierst. Es handelt sich also um Aktionen für Menschen, denen die Reduzierung auf ein Tier wie z. B. ein Hündchen, das aus einem Napf frisst, nicht weit genug geht. Stattdessen stellen diese Menschen für die Dauer des Spiels einen Gegenstand dar, den man nach Belieben benutzen kann – noch niedriger geht eine Erniedrigung eigentlich nicht.

Beispielsweise könntest du deinen Partner auf folgende Weise benutzen:

- als Aschenbecher, wenn du in den geöffneten und hingehaltenen Mund deines Lovers nach und nach die Asche deiner Zigarette und schließlich auch die Kippe hineinschnippst.

- als menschlichen Kleiderständer, an dem du deine Kleidung aufhängst. Insbesondere bei

Cuckold-Spielen, also wenn du dir jemand Dritten als Lover ins Bett holst, kann es eine heftige Demütigung für deinen Spielpartner darstellen, dass er solange als Garderobenhalter fungieren muss.

- als Handtuchhalter, während du badest.
- als Fußschemel.
- als menschlichen Kaffeetisch, wenn du auf dem Rücken deines Partners eine Zeitung ausbreitest oder ein Getränk abstellst.
- als Computer-Tisch, auf den du deinen Laptop stellst, um dir darauf Pornos anzuschauen.
- als Stehlampe.
- als Zimmerdekoration, wobei dein Partner die Aufgabe hat, längere Zeit wie eine erotische Statue im Raum zu stehen. Das kann dadurch erschwert werden, dass du einen eingeschalteten Vibrator so an seinen Schoß bindest, dass er gegen die Klitoris beziehungsweise den Pe-

nisschaft deines Partners gepresst ist. Je mehr Zeit verstreicht, desto weniger angenehm dürfte dein Partner die Vibrationen empfinden, und desto mehr Mühe wird es ihm machen, als lebendes Kunstwerk durchzuhalten.

- als Halter für ein Sex-Toy wie z. B. einen Vibrator, durch den du dich selbst stimulieren lässt.

- als menschliche Toilette.

- als Fußmatte oder Teppich, wenn dein Partner es genießt, dass du auf ihm herumgehst (sogenanntes »Trampling«). Diese Variante stelle ich in meinem Ratgeber »Femdom« näher vor.

- als Thron für das sogenannte »Facesitting« oder »Queening«, das ich im selben Ratgeber eingehender behandle.

- Wenn dein Partner masochistische Gelüste hast, kannst du ihn auch als Ersatz für einen Stressball benutzen. Er würde sich dann nackt, stumm und bewegungslos neben dich setzen, während du arbeitest, telefonierst oder ein

Computerspiel spielst. Ohne deinen Partner nun weiter groß zu beachten, würdest du gelegentlich zu ihm hinüberlangen, um ihn grob zu begrapschen – ähnlich wie man einen Stressball aus Gummi behandelt.

- Dein Partner kann dir auch seinen Körper für den Sex zur Verfügung stellen, als wäre er eine Gummipuppe, mit der du machen kannst, was du willst. Ihm ist verboten, sich zu bewegen, zu sprechen oder anderweitig zu reagieren. Womöglich trägt er eine Maske, eine Papiertüte oder eine Latexhaube, die das Gesicht bedeckt und ihn dadurch noch mehr zum Objekt macht. Die ungehinderte Atmung deines Partners sollte dabei immer sichergestellt sein. Vielleicht magst du auch einfach eine Decke oder ein Laken über seinen Oberkörper legen und dich nur mit seinem Unterleib amüsieren, während du dir laut vorstellst, es mit einem erotisch attraktiveren Menschen zu treiben.

Bei all diesen Spielen gilt, dass ein Mensch nicht unbegrenzt lang in einer bestimmten Haltung verharren kann. Während die entspannte Stellung, die für einen menschlichen Kaffeetisch oder Fußschemel nötig ist, recht lange beibehalten werden kann (solange man sich nicht vorher die Wampe vollgeschlagen hat), dürfte man als lebender Kleiderständer feststellen, dass einem die Arme viel früher müde werden, als man vielleicht erwartet. Oft wird es zunächst anstrengend, dann unangenehm und schließlich vielleicht sogar schmerzhaft, längere Zeit unbeweglich in einer bestimmten Haltung zu verbleiben. Wenn daraus nicht ein zusätzlicher sadistischer Kitzel entstehen soll, kannst du deinem Partner erlauben, sich wenigstens ab und zu ein wenig zu strecken. Außerdem sollte er Taubheitsgefühle oder entstehende Muskelkrämpfe rechtzeitig melden und du ihm dann Erleichterung gewähren, statt das als »Gejammer« abzutun.

Generell allerdings reduzierst du deinen Partner immer mehr auf den Status eines Objekts, je weniger du ihn beachtest und je mehr du so tust, als wäre er tatsächlich nur ein Einrichtungsgegenstand. Beispielsweise kannst du währenddessen telefonieren und dich mit einer eingeweihten oder nicht eingeweihten Person über deine »Neuanschaffung« unterhalten. Du kannst dabei auch darüber klagen, als wie nutzlos und fehlerbehaftet sie sich erwiesen habe.

Wie kannst du deinen Partner durch Füttern demütigen?

Spiele, bei denen du deinen Partner fütterst, als ob er ein Tier wäre, bieten sich für Demütigungsspiele besonders an, weil der Gefütterte dabei automatisch einen Teil seiner Würde verliert. Natürlich geht es hier nicht darum, dass dein Partner entspannt auf dem Rücken liegt und du ihm Trauben, Pralinen und andere Köstlichkeiten in den Mund schiebst. Stattdessen lässt du ihn beispielsweise aus einem Napf fressen oder am Tisch Nahrung zu sich nehmen, ohne dass er seine Hände benutzen darf. Das rückt ihn auf die Stufe eines Tieres. Und wenn dein Partner dabei nicht vermeiden kann, die untere Hälfte seines Gesichts zu verschmieren oder anderweitig eine kleine Sauerei anzurichten, wirkt er darüber hinaus unbeholfen und abstoßend. Das kannst du verschärfen, indem du ihm keine Gelegenheit gibst, sich zu reinigen, ihn dafür aber seinen Napf oder Teller brav sauber lecken lässt, während du spöttische und anderweitig herabsetzende Bemerkungen nicht zurückhältst.

Es gibt verschiedene andere Möglichkeiten, deinem Partner die Nahrungsaufnahme unangenehm zu machen. Beispielsweise kann sie durch verschiedene Gewürze an Schärfe gewinnen, bis an die Grenze des Zumutbaren. Wenn dein Partner einen empfindlichen Magen hat, könntest du stattdessen auf Babynahrung wie Brei zurückzugreifen, dessen Verzehr ebenfalls entwürdigend wirken kann. Diverse andere Spiele (z. B. deinen Partner fünf Streifen Kaugummi samt Verpackung mampfen zu lassen) bleiben deinem Einfallsreichtum überlassen – und dem, was du für witzig und unterhaltsam hältst und was nicht.

Auch das Trinken kann zu solchen Spielen eingesetzt werden – etwa wenn du deinen Partner nur Wasser trinken lässt, in dem er kurz vorher deine Füße säubern durfte. Du kannst ihm auch sieben, acht Gläser Wasser nacheinander verabreichen, bis sein Bauch und seine Blase schier unerträglich voll sind, ihm dann aber zunächst die Erlaubnis verweigern, die Toilette aufzusuchen. Möglicherweise empfindest du es einfach als amüsant, ihn ein wenig zappeln und schwitzen zu lassen, möglicherweise verlangst du vor dem Erteilen deiner Erlaubnis auch erst gewisse Dienste von ihm: etwa, dass er dir eine halbe Stunde den Rücken massiert oder dich mehrmals hintereinander zum Orgasmus leckt.

Wie kann Demütigung im Zusammenhang mit Selbstbefriedigung aussehen?

Da Selbstbefriedigung normalerweise eine intime und oft auch tabuisierte Beschäftigung ist, bietet sie sich ebenfalls stark für Demütigungsspiele an. Solche Aktionen könnten zum Beispiel folgendermaßen aussehen:

- Du fragst deinen Partner gründlich über seine Masturbationsgewohnheiten aus, einschließlich seiner Fantasien, der ungewöhnlichsten Orte, an denen er es bereits getan hat, und so weiter. Ziehe ihn damit auf, verspotte ihn als Freak oder versuche anderweitig, seine »Geständnisse« für ihn so peinlich wie möglich werden zu lassen.

- »Zwinge« ihn dazu, sich vor dir zukünftig auf eine ganz andere Weise zu befriedigen als gewohnt und mache dich darüber lustig, wie schwer es ihm fällt, sich so zum Höhepunkt zu bringen.

- Lege einen »Masturbationsplan« für ihn an, sodass er sich beispielsweise jeden Donnerstag um 15:35 Uhr einen runterholen muss – wo immer er sich um diese Uhrzeit gerade befindet.

Oder lasse sein Handy zu willkürlich von dir gewählten Momenten mit einem Signal ertönen: Nur in den darauffolgenden zehn Minuten darf er sich zum Höhepunkt schubbern – danach ist seine Chance bis zum nächsten unerwarteten Alarm erst mal vorbei.

- Lass ihn in deiner Anwesenheit onanieren, während du ihn komplett ignorierst. Beispielsweise könnte er in einer Ecke stehen und Hand an sich legen, während du deine Mails beantwortest, telefonierst oder deine Nägel feilst. *»So ein Kerl fragt schließlich: Prinzessin, darf ich bitte kommen?«*, berichtet die Domina Princess Kali über derartige Spiele, *»und ich antworte dann: Nein. Willst du mich verarschen? Hol dir weiter einen runter.«*

- Erlaube deinem Partner nur dann einen Orgasmus, wenn er sich unter deiner Aufsicht zu einer TV-Sendung befriedigt, die sich nicht besonders dafür anbietet und deinem Partner vielleicht sogar ein bisschen peinlich ist (etwa »The Bachelor« oder »Germany's Next Topmodel«). Spare auch hier nicht mit spöttischen Kommentaren.

Ausschließlich zur Demütigung von Männern sind die folgenden Aktionen denkbar:

- Wenn dein Partner einen Samenerguss hat, hat er das Sperma danach entweder mit seiner Unterwäsche aufzuwischen, die er daraufhin weiter trägt, oder aufzulecken. Ergießt er sich in ein Kondom, hat er dieses Kondom danach auszusaugen oder sich mit weit offenem Mund vor dich zu knien, sodass du den Inhalt des Kondoms hineinträufeln lassen kannst.

- Du kannst ihm auch befehlen, sich in eine Suppe oder auf ein anderes Gericht zu ergießen, um es ihn dann verspeisen zu lassen. Das ist besonders unangenehm, weil er Letzteres nach seinem Orgasmus durchführen muss, es also nicht mehr so leicht an sexuelle Erregung koppeln kann.

- Du kannst ihn nackt eine Position einnehmen lassen, bei der sich sein Penis über seinem Gesicht befindet (wie bei einer Rolle rückwärts), um sich dann zum Orgasmus zu bringen, wobei er automatisch in sein Gesicht ejakuliert. Fordere ihn zu dem Versuch auf, in seinen Mund zu spritzen. Verbiete ihm danach erst mal, sein Gesicht zu säubern, und lass ihn zum Beispiel mit dir am Tisch sitzen und essen, als wäre das völlig normal.

- Verbiete deinem Partner längere Zeit einen Orgasmus und lass ihn dann nur kommen, indem er sich einen Vibrator an den Schaft seines Penis hält, als wäre er eine Klitoris. Lege danach fest, dass er sich nur noch auf diese Weise zum Höhepunkt bringen darf. Lache darüber und berichte guten Freunden davon.

- Lass es dir von ihm bis zu deinem Orgasmus besorgen, erlaube ihm danach seinen Höhepunkt aber nur, wenn er in seine oder deine Unterwäsche wichst. Auch das kannst du zur Regel machen.

- Lass deinen Partner nur kommen, indem er sich an einem Plüschtier zum Orgasmus reibt. Als Verschärfung kannst du ihn dieses Stofftier immer mitnehmen lassen, wenn ihr unterwegs seid.

- Bohre ein Loch in eine Melone und lass deinen männlichen Partner sich selbst befriedigen, indem er seinen Penis immer wieder in dieses Loch hineinstößt. Filme die Aktion mit deinem Smartphone und kündige an, sie mit dem begleitenden Satz »So hab ich mittlerweile Sex!« auf seiner Seite in den sozialen Medien online zu stellen. (Natürlich löscht ihr stattdessen den entstandenen Film später gemeinsam.)

- Lass deinen männlichen Partner nur kommen, indem er niederkniet, du dich vor ihn stellst und er seinen Penis zwischen deinen Beinen vor und zurück bewegt, während er deinen Hintern küsst.

- Oder folgende simple, aber nicht weniger effektive Variante: Lach ihn einfach aus, während du ihm beim Onanieren zuschaust. Vielleicht magst du ihm dabei bestimmte Anweisungen geben, beispielsweise gleichzeitig mit seiner freien Hand seinen Hintern zu stimulieren.

Wie kannst du Demütigung mit Sklavendiensten mischen?

Manchen Paaren gefällt es, zeitweise oder dauerhaft in einem Arrangement zu leben, bei dem ein Partner der »Sklave« des anderen ist, ihn also bedient und verschiedene Arbeiten für ihn erledigt. Nicht jeder »Sklave« empfindet das als demütigend, aber manche schon. Es gibt verschiedene Möglichkeiten, den Aspekt der Demütigung stärker in dieses Arrangement einfließen zu lassen:

- Dein Partner hat dir über alles, was er den Tag über für dich erledigt, abends genauestens Rechenschaft abzulegen.

- Du verbietest deinem Partner den Augenkontakt, was betont, dass er in der Rangordnung unter dir steht, und deshalb erniedrigend für ihn sein kann.

- Du bringst ihm verschiedene knappe Kommandos bei, die du nur auszusprechen brauchst, damit er sofort und automatisch von dir festgelegte Dinge tut, beispielsweise sich zu entkleiden, deine Füße zu küssen, seinen Penis hervorzuholen oder mit der Selbstbefriedigung zu beginnen. Es kann unterhaltsamer sein, wenn du diese Kommandos an anderen Orten als zu Hause äußerst.

- Du befiehlst deinem Partner, den Fußboden zu putzen, während du dich demonstrativ faul daneben rekelst, und wenn dein Partner fertig ist, wie selbstverständlich mit schmutzigen Schuhen über die gesäuberte Stelle gehst, woraufhin dein Partner von vorn anfangen darf.

- Dein Partner hat seine Putzdienste mit einem Staubwedel oder einem kleinen Besen im Mund zu verrichten. Prickelnder wird diese Aktion, wenn du ihm vorher einen Vibrator an den Schoß gebunden hast, der ihn während seiner Arbeit stimuliert.

- Dein Partner hat sich – auch wenn ihr zusammen unterwegs seid – wie dein Diener zu verhalten, dir also zum Beispiel unaufgefordert Feuer zu geben, sobald du dir eine Zigarette in den Mund steckst, dir ständig nachzuschenken, zwei bis drei Schritte hinter dir zu gehen, deine Einkäufe zu tragen und nur zu sprechen, wenn du ihn ansprichst.

- Wenn du zu Bett gehst, hat dein Partner die Nacht daneben auf dem Fußboden zu verbringen.

- Du benutzt deine Partnerin nicht nur als Dienerin, sondern auch als Masturbationshilfe: So hat sie sich ständig so feucht und ihren Schoß so zugänglich zu halten, dass du jederzeit leicht in sie eindringen und sie benutzen kannst, ohne auf ihre sexuellen Bedürfnisse Rücksicht zu nehmen.

Welche Möglichkeiten der Online-Erniedrigung gibt es?

Vielen Menschen, die auf erotische Demütigung stehen, fehlt in ihrer näheren Umgebung der passende Partner dazu oder ihr Partner findet an Demütigungsspielen keinen Gefallen. Manche ziehen es auch aus anderen Gründen vor, sich auf Distanz online – also über Mail, Chat und spezielle Websites – demütigen zu lassen. Beispielsweise sind sie so durch ihre Anonymität geschützt, können das Spiel besser kontrollieren und auch einfacher abbrechen, wenn es ihnen zu viel wird. Während es entsprechende

Angebote von professionellen Sexarbeitern – also in der Regel Dominas – gibt, kann man sich zu solchen Aktionen auch privat verabreden, etwa wenn man sich über ein entsprechendes Internet-Forum wie die »Sklavenzentrale« (sklavenzentrale.com) und was es in der SM-Szene sonst noch gibt, kennengelernt hat.

Wenn sich jemand von dir online demütigen lassen möchte, kann das zum Beispiel auf folgende Weise geschehen:

- Du schikanierst deinen Partner mit Fragen über sein jetziges und früheres Sexleben einschließlich demütigender Erfahrungen wie unerfüllte Wünsche und Abweisungen durch einen begehrten Menschen und hältst dich mit gehässigen Kommentaren nicht zurück. Dabei hat dein Partner vor der Tastatur zu knien, während er deine Fragen beantwortet, und jeden seiner Sätze mit dem Wort »Herr« oder »Herrin« zu beenden.

- Du dirigierst deinen Partner über Skype oder andere Dienste zu erniedrigenden Aktionen, bei denen du aus der Distanz per Webcam zusehen kannst. Beispielsweise könntest du deinem Partner befehlen, einen erotischen Striptease hinzulegen, sich selbst wehzutun oder sich mehrmals dicht an die Grenze zum Orgasmus zu bringen, ohne wirklich zu kommen.

- Du überträgst deinem Partner unsinnige Arbeitsaufgaben wie zum Beispiel Seiten aus einem Telefonbuch abzutippen.

- Du befiehlst ihm, dir ein peinliches oder entwürdigendes Foto von sich zu schicken, das du dann auf einer Website veröffentlichst, die du wie einen Online-Pranger verwendest.

- Du lässt dir einen Text zusenden, in dem dein Partner über eine entwürdigende Erfahrung berichtet oder sich anderweitig bloßstellt. Diesmal veröffentlichst du sein intimes Geständnis in einem dafür eingerichteten Blog.

- Statt solcher Texte richtest du für den Menschen, den du demütigen möchtest, ein Online-Tagebuch ein, in dem er über intime Vorgänge wie die Art und Dauer seiner Selbstbefriedigung und seine Fantasien dabei Bericht erstattet.

- Du rufst ihn mitten am Tag überraschend an und befiehlst ihm, sich innerhalb der nächsten zehn Minuten selbst zu befriedigen – wo auch immer er sich gerade befindet.

- Du beutest deinen »Sklaven« finanziell aus, indem du dir zum Beispiel teure Geschenke von ihm machen lässt. Oder du lässt ihn für Pseudo-Leistungen bezahlen, indem er dich beispielsweise anrufen darf, du dann aber den Hörer beiseitelegst und deinen »Sklaven« ignorierst.

Worauf solltest du bei Demütigungen in der Öffentlichkeit achten?

Erotische Demütigung braucht immer irgendeine Form von Publikum: Man kann sich nur schwer allein im stillen Kämmerlein demütigen. Vielen Menschen genügt ein einziger anderer Mensch, damit erotische Demütigung für sie funktioniert – selbst wenn dieser Mensch nicht einmal anwesend ist, sondern sie nur online mit ihm in Kontakt stehen. Viele andere Menschen haben jedoch die Erfahrung gemacht, dass sie ihre Demütigung umso intensiver und damit »geiler«

empfinden, wenn noch weitere Menschen anwesend sind, vor denen sie von ihrem Partner vorgeführt werden. Die Scham ist für sie dann größer und das aus Angst oder Unsicherheit entstandene Herzklopfen heftiger. Das verstärkt ihre Erregung und die sichtbar gewordene Erregung wiederum lässt ihr Schamgefühl wachsen. Durch diesen Teufelskreis stoßen sie wirklich an ihre emotionalen Grenzen und spüren so den gewünschten Kick. Das kann vor einer kleinen Gruppe in einem begrenzten Raum geschehen – etwa auf einer SM-Party oder wenn eine Herrin ihren Partner nackt vor ihren Freundinnen vorführt – oder auch durch erotische Spiele im öffentlichen Raum.

Der Ausdruck »erotische Spiele« verrät aber schon, was daran problematisch ist und warum viele Menschen solche Aktionen ablehnen, selbst wenn sie ihnen größere Lust verschaffen würden: Zu Spielen, erst recht erotischen Spielen, willigen normalerweise sämtliche Teilnehmer ein. Jemanden in das eigene Intimleben hineinzuziehen, der das gar nicht möchte, argumentieren die Kritiker solcher Konzepte, überschreite die Grenzen der Einvernehmlichkeit, die für SM-Aktionen eine wesentliche Grundlage darstellt. Öffentliche SM-Spiele seien deshalb jedem gegenüber übergriffig, den man nie gefragt hat, ob er gern mit dabei sein möchte.

Es gibt noch einige weitere vernünftige Argumente gegen Spiele in der Öffentlichkeit. Beispielsweise ist der Ruf von SM-Liebhabern trotz des Riesenerfolgs von »Fifty Shades of Grey« bei vielen Außenstehenden noch immer zweifelhaft. Wenn diese Leute mitbekommen, wie zum Beispiel ein Sklave seiner Herrin mitten in der Fußgängerzone die Stiefel leckt, könnte das der allgemeinen Toleranz gegenüber diesen vermeintlich »Perversen« schaden. Nicht nur die Beteiligten, die gesamte Szene könnte darunter leiden.

Nicht zuletzt besteht immer das Risiko, dass sich unter den Beobachtern jemand befindet, der einen der Beteiligten beispielsweise beruflich kennt, sodass dieses Spiel dem zukünftigen Leben der beteiligten Person schaden könnte. Nach den Grundsätzen der SM-Szene sollte aber auch vermieden werden, dass erotische Spiele irgendwelche Folgeschäden hinterlassen.

Ich erwähne all diese Argumente gegen öffentliche Spiele deshalb so ausführlich, damit du für dich und deinen Partner eine wohlüberlegte Entscheidung fällen kannst, ob ihr solche Spiele in der Öffentlichkeit durchführt. Diese Entscheidung – wie viele andere auch – musst du natürlich selbst treffen, kein Sex-Ratgeber kann sie dir abnehmen. Die Argumente, die gegen öffentliche Spiele sprechen, sind nicht dumm, sondern absolut vernünftig. Trotzdem halte ich manche Ängste, die hier zur Sprache kommen, für übertrieben.

Tatsächlich beachten die Menschen, die bei solchen Aktionen anwesend sind, diese Aktionen kaum, wenn es sich nur um harmlose Spiele handelt, und reagieren auch nicht besonders verstört, wenn die Spiele etwas weiter gehen. Als ich beispielsweise eine Spielpartnerin (sie war achtzehn, ich dreißig) auf dem Wiesbadener Hauptbahnhof begrüßte, indem ich vor ihr auf die Knie fiel, gab es keine Anzeichen dafür, dass das jemand der anderen Anwesenden überhaupt zur Kenntnis nahm. Die meisten Menschen hatten genug damit zu tun, sich zu orientieren oder rechtzeitig den Zug zu erreichen, und schienen sich nicht für das ungewöhnliche Verhalten fremder Leute zu interessieren. Bei radikaleren Inszenierungen (einer meiner Verleger ließ sich beispielsweise auf allen vieren an einer Hundeleine über einen belebten Platz ziehen) geben die Reaktionen Außenstehender auch kaum echten Anlass zur Besorgnis: Manche ignorieren selbst das noch, andere gehen einfach weg, wieder andere fragen interessiert nach, was hier gerade geschieht, und manche schießen Fotos.

Eine Frau, die ich zu ihrer Vorliebe für öffentliche Demütigungen interviewte, berichtete mir:

»Eine sehr schöne Aktion ist es, mit meinem Liebsten zusammen für mich Schuhe einzukaufen. Sie bedient gleichzeitig meine Lust auf Extravaganz und meine Dominanz. Ich kenne keine andere Situation, in der er so wenig eindeutig in der Öffentlichkeit vor mir knien kann. Das Anprobieren von Schuhen, das Bedienenlassen durch einen devoten Fetischisten verstärkt diesen Reiz. Die Reaktionen der anderen Kunden sind verschieden, ganz selten aber unangenehm.«

»Ich bin auf dem Körper meines Partners mitten in einem Schuhgeschäft herumgetrampelt«, berichtet auch die Domina Princess Kali. *»Die Leute schauen dann weg, murmeln meistens etwas von komischen Typen und danach kehren sie zurück zu ihrem Mittagessen, ihren Affären und Einkaufslisten. Alles in allem haben die meisten Leute genug mit sich selbst und ihrem eigenen Leben zu tun. Den Menschen um uns herum waren wir egal – aber für meinen Partner verstärkte die Anwesenheit dieser Menschen das Gefühl der Demütigung. Wenn man nichts wirklich Obszönes tut, beachten es die meisten Menschen nicht weiter. Haltet euch fern von Polizisten und bleibt weg von Kindern und Familien. Davon abgesehen erntet man mal einen schiefen Blick, aber die Menschen verlieren kaum ein Wort darüber.«*

Ein Mann, den ich zu solchen Aktionen befragt hatte, berichtete mir:

»Ich hatte im Prinzip durchweg gute Erfahrungen. Wir ›spielen‹ beispielsweise häufig in Gaststätten, wo wir essen. Dabei binden wir auch Fremde manchmal mit ein, mit so Dingen wie: der Sub das Halsband umbinden, der Sub die Fesseln lösen und so weiter. Meist schauen die Leute erst seltsam, machen dann aber mit. Ich habe es noch nie erlebt, dass jemand deshalb wütend geworden ist. Es gibt Leute, die sich verlegen abwenden, aber das sind eher wenige. (…) In einem Lokal sagte mir der Kellner, als wir dort mal ganz normal essen waren: ›Schade, heute ist deine Frau ja gar nicht gefesselt!‹ Tipps und Ratschläge: Immer auf die Umgebung achten, und wenn man merkt, dass die Umstehenden gar nicht damit zurechtkommen, was man da macht, abbrechen. Ansonsten höflich auf die Leute zugehen, auch mal fragen, wie sie die Sache sehen, und ihnen erklären, dass das Ganze einvernehmlich ist und allen Beteiligten Spaß macht.«

Das ist ein guter Übergang zu der Frage: Falls du dich für öffentliche Demütigungsspiele entscheidest, worauf solltest du dann achten? Vielleicht können dir die folgenden Ratschläge helfen:

- Bei Demütigungen vor Publikum empfiehlt es sich ebenfalls, mit kleinen Schritten zu beginnen, statt von Anfang an in die Vollen zu gehen. Fangt also vielleicht erst mal mit einer kleinen Gruppe von Beobachtern an. Gerade in den letzten Jahren haben etwa die sogenannten CFNM-Partys für Aufmerksamkeit gesorgt. Ihr Namenskürzel steht für »Clothed Female, Naked Male« (bekleidete Frau, nackter Mann). Bei solchen Treffen demütigt eine Frau ihren Partner, indem sie ihn anderen Frauen vorführt. Ihren Reiz gewinnen solche Veranstaltungen dadurch, dass sie zu Hause ohne jede Vorbereitung durchzuführen sind und man dafür keine Sex-Toys oder andere teure Accessoires benötigt. Zudem lassen sie sich mit den verschiedensten Demütigungen (etwa Fußfetischismus, Bedienenlassen durch einen Sklaven und Orgasmuskontrolle) kombinieren. Nicht ganz so beliebt, aber ebenso einfach zu bewerkstelligen, sind entsprechende Treffen mit umgekehrter Geschlechterverteilung, also einer nackten Frau zwischen bekleideten Männern.

- Wenn du nicht über einen Freundes- und Bekanntenkreis verfügst, der für derlei Spiele aufgeschlossen ist, könntest du mit etwas Recherche herausfinden, wo und wann in deiner Nähe eine Party der SM-Szene stattfindet. Dort teilzunehmen, sollte nicht besonders schwer sein: Auf solchen Partys habe ich selbst schon »SM-Vorführungen« erlebt, obwohl ich keine Kontakte zu den Veranstaltern hatte.

- Wenn die SM-Szene nicht deinem Geschmack entspricht oder du dich dort nicht hintraust, weil du meinst, dich in diesem Bereich zu wenig auszukennen, käme vielleicht ein Swinger-Club infrage, der für Aktionen zumindest mit einem leichten SM-Touch offen ist: Für viele solcher Clubs sollte das zutreffen.

- Eine weitere Alternative wären Outdoor-Treffpunkte, die es an bestimmten Parkplätzen und Seen für Spanner, Exhibitionisten und Swinger gibt. Wer dort unterwegs ist, dürfte nichts dagegen haben, wenn sich dort ein Partner vom anderen vorführen und demütigen lässt, zum Beispiel wenn der eine den anderen nackt an einen Baum fesselt und den Umstehenden für intime Berührungen freigibt.

- Aber auch diese Spiele im kleinen Rahmen können ihre Tücken haben. So haben die anderen Personen, die du Teil eures Spiels werden lässt, für deine Grenzen beziehungsweise die Grenzen deines Partners nicht automatisch dieselbe Sensibilität und dasselbe Wissen wie du. Es ist möglich, dass sie Unterwerfungsspiele auf einer sehr vereinfachten Ebene wahrnehmen, so als wäre die gedemütigte Person tatsächlich nur ein Spielzeug, mit dem sie anstellen können, was ihnen gerade in den Sinn kommt. Sie reagieren dann womöglich übergriffig, weil sie glauben, du oder dein Partner wollte das so. Darüber hinaus besteht die Gefahr, dass sie versuchen, dich in dieser Hinsicht unter Druck zu setzen oder zumindest zu beeinflussen, doch mehr zu wagen, als dir und deinem Partner guttut. Hier hilft es nur, die mit deinem Partner vereinbarten Spielregeln Dritten gegenüber entschieden durchzusetzen. Wenn dein Partner die gedemütigte Person ist, muss er sich darauf verlassen können, dass du dich von den Wünschen und Begierden Dritter nicht beeindrucken lässt, sondern ihnen unmissverständlich klarmachst, wo die Grenzen für euch verlaufen.

- Im Zeitalter des Smartphones solltet ihr Spiele vermeiden, die so drastisch sind, dass online gestellte Aufnahmen davon dem Ruf des Gedemütigten erheblich schaden könnten. Etwas mehr Sicherheit bringt es, wenn man solche Aktionen nicht gerade am eigenen Heimatort stattfinden lässt, sondern in einiger Entfernung, damit sich nicht ausgerechnet während dieser Aktion Bekannte am »Tatort« aufhalten. Dass fremde Menschen Aufnahmen des Spiels im Web posten und diese dort von Bekannten entdeckt werden, ist ein Restrisiko, das man eingehen kann oder auch nicht. Wer noch mehr Sicherheit möchte, sollte auf Erniedrigungen zurückgreifen, von denen sich weniger leicht kompromittierende Bilder erzeugen lassen, also beispielsweise verbale Demütigungen, schnelle Aktionen (wie eine öffentliche Ohrfeige) oder Dinge aus den im nächsten Kapitel genannten Beispielen, die auf Außenstehende vielleicht etwas seltsam, aber nicht derart interessant wirken, dass sie sie unbedingt filmen wollten.

- Sobald sich Außenstehende ernsthaft belästigt zeigen, solltet ihr eure Aktion besser abbrechen. Wer von Demütigungsspielen keine Ahnung hat, kann oft nicht einordnen, was er zu sehen bekommt. Häufig hilft es, deutlich zu machen, dass es sich nur um ein Spiel handelt, aber selbst dann kann man damit Unmut wecken. Dabei ist derjenige, der sich gestört fühlt, juristisch meistens im Recht, denn Paragraf 183a des Strafgesetzbuches (»Erregung öffentlichen Ärgernisses«) besagt: *»Wer öffentlich sexuelle Handlungen vornimmt und dadurch absichtlich oder wissentlich ein Ärgernis erregt, wird mit Freiheitsstrafe bis zu einem Jahr oder mit Geldstrafe bestraft [...].«* Zwar handelt es sich hier nur um eine Ordnungswidrigkeit und keine Straftat, aber vermeiden möchtest du Probleme in diesem Zusammenhang vermutlich so oder so. Dabei ist die Handlung an sich weniger erheblich, als dass sich ein Außenstehender in seinen Anschauungen und Gefühlen verletzt sieht. Bleiben diese verletzten Gefühle aus, solltet ihr auch keine Probleme bekommen: Wo kein Kläger ist, ist auch kein Richter. Dass Leute euch mit dem Strafgesetzbuch drohen, könnt ihr am effektivsten unterbinden, wenn ihr bei den ersten Protesten zügig klein beigebt, deeskaliert und die Aktion abbrecht. Vielleicht gibt es andernorts niemanden, der so aggressiv reagiert.

- Ganz besonders solltest du darauf achten, dass Außenstehende nicht auf den Gedanken kommen könnten, Zeugen einer Straftat zu werden. Vielleicht macht es dir und deinem Partner zum Beispiel großen Spaß, wenn du ihn nackt an einen Baum fesselst und dann für ein paar Minuten scheinbar verschwindest, um ihn ein wenig dieser Situation, seinen Ängsten vor Entdeckung, seinen Fantasien und seiner Erregung zu überlassen. Leider aber gibt es bei der Besiedelungsdichte in Deutschland kaum noch wirklich abgelegene Orte im Wald. Vor Spaziergängern und Joggern kann man sich noch einigermaßen schützen, indem man für so eine Aktion nicht gerade den Treffpunkt des nächsten Wanderweges oder Trimm-dich-Pfades wählt. Aber auch tiefer im Wald kann es zu unvorhergesehenen Begegnungen kommen: Kinder, Gotcha-Spieler, Soldaten sowie Mitarbeiter der Forst- und Holzwirtschaft sind nur einige der Menschen, die sich nicht immer an die ausgeschilderten Pfade halten.

- Im schlimmsten Fall kann eine solche Situation eskalieren: Angenommen etwa, du einigst dich mit deiner Partnerin zu einem Demütigungs-Rollenspiel im Wald oder an irgendeinem anderen öffentlich einsehbaren Ort. Dabei reißt du ihr die Bluse auf, fesselst ihr mit deinem Gürtel die Hände auf dem Rücken und zwingst sie auf die Knie, damit sie deinen Penis lutscht. Wenn jemand diese Szene zufällig mitbekommt, könnte er sich zu einer unschönen Reaktion (Anruf bei der Polizei, Faustschlag in dein Gesicht) hinreißen lassen, bevor du ihm den wahren Sachverhalt vermitteln konntest. Wenn ihr euch trotzdem mit solchen Spielen vergnügen möchtet, solltet ihr also besser einen wirklich abgelegenen Ort dafür wählen und trotzdem immer ein Auge offen halten, ob nicht irgendjemand Zeuge eurer Aktion wird, der sie nicht begreift.

- Wenn du noch mehr auf Nummer sicher gehen möchtest, kannst du dich mit deinem Partner auch für Demütigungen entscheiden, die zwar in der Öffentlichkeit stattfinden und deshalb prickelnd sind, aber von Außenstehenden nicht bemerkt werden. Ein typisches Beispiel sähe so aus, dass ein dominanter Mann mit seiner Partnerin das Kino besucht und nur sie beide wissen, dass sie unter ihrem Lackmantel nicht mehr als Strapse trägt und über ihrem Schoß mit Lippenstift Wörter wie HURE oder SPERMAKÜBEL stehen, die sie selbst dorthin schreiben musste.

- Allerdings geben solche Erniedrigungen, von denen niemand etwas mitbekommt, vielen Menschen keinen so heftigen Kick, wie sie es gern hätten. Wie so oft bei riskanten Spielen ist es eine Abwägungsfrage: Je stärker der emotionale Kick, desto mehr steigt in der Regel das Risiko, ein Spiel nicht mehr völlig unter Kontrolle behalten zu können.

- Genau dieses Wechselverhältnis aus Risiko und potenzieller Erregung bergen Demütigungsspiele, die mit der Gefahr einer möglichen Entdeckung zu tun haben. Grundsätzlich unterscheiden sie sich kaum vom Quickie auf der Parkbank oder im Büroartikel-Lager der Firma; nur die Gefahr der Bloßstellung ist größer: Beispielsweise könnte eine dominante Frau ihrem Partner befehlen, nur in Dessous gekleidet runter zum Briefkasten zu eilen, um ihr die Zeitung oder die Post zu bringen. Er wird sich dabei Mühe geben, nicht gesehen zu werden, und in seinem Kopfkino läuft die Demütigung ab, was passiert, wenn dies doch geschieht. Je nachdem zu welcher Uhrzeit man dieses Spiel stattfinden lässt, verändert man das Risiko, dass es zu einer tatsächlichen Bloßstellung kommt. Da ein solches Risiko meist Langzeitfolgen hat und ein Umzug nicht gerade eine Kleinigkeit ist, dürften die meisten an ihrem ständigen Wohnort selbst auf ein solches Spiel mit nur geringem Restrisiko lieber verzichten; bei einer gemieteten Ferienwohnung in einem anderen Teil des Landes oder einem anderen Land sieht das womöglich anders aus. Wobei auch dort gilt, dass du das emotionale Gleichgewicht deiner Mitmenschen nicht unnötig beeinträchtigen solltest: Auch andernorts hat zum Beispiel die Postbotin ein Recht darauf, dass sie nicht vom Anblick deines splitternackten Partners traumatisiert wird, nur weil du gerade Lust darauf hast, auszuprobieren, ob er wirklich jedem deiner Befehle gehorcht.

- Eine weitere Alternative für eine risikolose »öffentliche Demütigung« sieht so aus, dass du dieses Bloßstellen nur vortäuschst. Hierbei könntest du zum Beispiel deinem nackten Partner in deiner Wohnung die Augen verbinden und ihn dann dicht an ein Fenster mit Blick zur Straße führen, wo du ihn zum Orgasmus bringst. Dein Partner glaubt, dass er dabei von mehreren Menschen gesehen wird, was du verstärken kannst, indem du hin und wieder entsprechende Bemerkungen fallen lässt. Hier ist wieder dein schauspielerisches Geschick gefragt. Tatsächlich aber hast du dir etwas einfallen lassen, um deinen Partner vor Blicken von außen zu schützen, beispielsweise durch eine Sichtblende, von der dein Partner nichts weiß.

Welche Möglichkeiten für erotische Demütigung in der Öffentlichkeit gibt es?

Auf den folgenden Seiten habe ich eine breite Palette von Ideen zusammengestellt, wie erotische Demütigungen in der Öffentlichkeit aussehen können, und diese Ideen systematisch geordnet. So solltest du leichter eine neue Idee finden, die einer Fantasie ähnelt, die du ohnehin schon hegst. Vermutlich wird deine Reaktion auf verschiedene Ideen ganz unterschiedlich ausfallen. Wie ich schon in den ersten Kapiteln dieses Ratgebers erklärt habe, empfinden verschiedene Menschen ja ganz unterschiedliche Dinge als demütigend. Was den einen komplett kaltlässt, macht den anderen ausgesprochen scharf.

Demütigung durch die Kleidung, die der erniedrigte Partner zu tragen hat

- Da Frauen häufig nicht nur Attraktivität, sondern auch Stilsicherheit und sozial erwünschtes Auftreten wichtig sind, kannst du vor allem einen weiblichen Partner schon mit der Verordnung einer bestimmten Garderobe wunderbar bloßstellen. Bei vielen Frauen reicht hier schon eine Kleinigkeit – etwa wenn sie unter weißer

Oberbekleidung schwarze Unterwäsche tragen müssen, die durchscheint und damit für jeden sichtbar ist. Auch unpassend zusammengestellte Kleidung und Make-up mit Farben, die sich beißen, kann effektiv sein. Andere Frauen brauchen eine heftigere Bloßstellung, beispielsweise Leggings, die so eng anliegen, dass sie die Konturen ihrer Schamlippen zeigen.

- Du kannst deine Partnerin auch Badekleidung mit Pumps oder eine durchsichtige Bluse ohne Unterwäsche anziehen lassen und sie dann mit deinem Auto zu einem Punkt eurer Stadt mitnehmen (zum Beispiel an der Fußgängerzone), wo du sie absetzt, um sie zwanzig Minuten später an einem anderen Ort wieder aufzunehmen. In diesen zwanzig Minuten muss sich deine Partnerin durch die Menge von Punkt A zu Punkt B bewegen.

- Einen Menschen keine Unterwäsche tragen zu lassen, wenn er ansonsten in dünne, eng anliegende und/oder helle Garderobe gekleidet ist, kann ihn ebenfalls bloßstellen. Bei Männern kommt hier dazu, dass jede Erektion sofort sichtbar wird. Besonders wahrscheinlich stellt sich eine solche Erektion bei beschnittenen Männern ein, weil die sensible Spitze ihres Penis durch keine Vorhaut geschützt ist, sondern durch das Reiben am Stoff der Hose ständig gereizt wird. Eine Begegnung mit einer attraktiven Frau oder eine Berührung durch dich kann dann schon ausreichen, um den Penis deines Partners versteifen zu lassen. Du kannst dieses Spiel verschärfen, wenn du deinen männlichen Partner Viagra schlucken lässt, bevor du ihn unter die Leute schickst. Die peinlich sichtbare Erektion wird sich dann kaum senken.

- Eine noch heftigere Variante: Dein männlicher Partner hat sich zum Orgasmus zu bringen, während er eine eng anliegende, helle Hose trägt, um dann trotz aller entstandenen Flecken seinen Weg fortzusetzen.

- Lass deine Partnerin den ganzen Tag lang Unterwäsche tragen, in die du zuvor ejakuliert hast.

- Schneide die Hosentaschen deines Partners heraus und fessele seine dorthin gesteckten

Handgelenke an seine Oberschenkel. So kann er beim Einkaufsbummel seine Hände nicht hervorziehen – was besonders pikant wird, wenn dein Partner eine oberhalb der Taille mit nur einem dünnen T-Shirt bekleidete Frau ist und es zu regnen beginnt.

- Viele Männer empfinden es als demütigend, wenn sie Kleidungsstücke welcher Art auch immer tragen müssen, die sonst ausschließlich von Frauen getragen werden. Du musst deinen Partner nicht einmal komplett zur Transe machen. Netzstrümpfe, Stöckelschuhe, femininer Schmuck und/oder ein sehr weibliches Parfüm können schon ausreichen, damit er sich erniedrigt fühlt.

- Frauen wiederum finden nicht-altersgemäße Kleidung oft demütigend, also zum Beispiel Klamotten, die eher ein Mädchen tragen würde.

- Beide Geschlechter können erniedrigt werden, wenn sie öffentlich ein Accessoire wie ein Sklavenhalsband – vielleicht mit einem Glöckchen daran – tragen müssen. Andere bloßstellende Accessoires können Nippelklemmen sein, die unter einem durchscheinenden Shirt getragen werden.

- Auch nackt oder nur mit Unterwäsche bekleidet unter einem (Regen-)Mantel unterwegs sein zu müssen, lässt manche Herzen schneller schlagen. Du erhöhst die Spannung deines Partners, wenn er eine längere Strecke zurücklegen muss, die zum Beispiel mit einer Busfahrt verbunden ist. Verschärfen kannst du das Spiel, indem du deinem Partner befiehlst, den Mantel vor einer dritten Person zu öffnen.

- Du kannst deine Partnerin auch ältere Kleidungsstücke (zum Beispiel Rock und Bluse) tragen lassen, in die du mit einer Schere an strategisch günstigen Stellen Schlitze schneidest, die tiefe Einblicke erlauben.

- Wenn du es ablehnst, Kleidung zu zerstören, die man noch tragen kann, kaufe gemeinsam mit deiner Partnerin besonders enge oder (teilweise) durchsichtige Garderobe für sie ein, die sie dann zu tragen hat.

- Lass deine Partnerin schwarze Kleidung, auf die du zuvor abgespritzt hast, so tragen, als würde sie die Spermaspuren nicht bemerken.

- Eine beliebte Aktion ist auch die sogenannte »Bimbofication«. Als »bimbo« wird im amerikanischen Sprachgebrauch eine attraktive, aber zugleich überstylte und dümmlich wirkende Tussi bezeichnet. Entsprechend wird eine Frau bei der Bimbofication zurechtgestylt: also etwa durch hochtoupiertes Haar, grelles oder glitzerndes und allzu üppig aufgetragenes Make-up einschließlich knallrot geschminkter Lippen, künstlicher Wimpern und langer Fingernägel, figurbetonte Kleidung – eventuell verbunden mit einem Push-up-BH und einem tiefen Ausschnitt, einem sehr kurzen Rock und hohen Stöckelschuhen. Noch extremer wäre es, die Brüste deiner Partnerin abzubinden, sodass sie prall nach vorn stehen. Wie du dir vorstellen kannst, ist diese Aufmachung weniger erniedrigend für Frauen, die sich ohnehin schon ähnlich zurechtmachen, als für den Typ introvertierte Bibliothekarin, die innerlich tausend Tode stirbt, wenn sie mit der Wahl ihrer Garderobe sozusagen ständig »Bitte fick mich!« schreit.

- Die »Bimbofication« lässt sich steigern, wenn du deiner Partnerin befiehlst, sich auch wie eine dümmliche Tussi zu benehmen, also etwa mit sehr hoher Stimme zu sprechen, mit halb offenem Mund Kaugummi zu kauen, immer wieder zu kichern, nur in einfachsten Sätzen zu sprechen und Formulierungen zu wählen, die eher zu einer Siebzehnjährigen passen würden.

- Ein spannendes Spiel kann darin bestehen, dass sich der Partner, der gedemütigt werden soll, öffentlich nach und nach zu entkleiden hat. Beispielsweise könntet ihr zusammen ein Bistro oder einen Pub aufsuchen, wo der zu Demütigende jedes Mal, wenn die Bedienung an euren Tisch tritt, beiläufig ein weiteres Kleidungsstück abzulegen hat. Natürlich ist das nur bis zu einem bestimmten Punkt durchführbar.

- Lass deine Partnerin mit sehr kurzem Rock, keiner Unterwäsche und gespreizten Beinen auf einer Parkbank sitzen.

- Lass deine Partnerin auf einer Party einen superkurzen Rock tragen und sich mehrfach so vorbeugen, dass sie anderen Gästen »versehentlich« einen Einblick gewährt.

- Lass deine Partnerin vor dem Besuch einer Party Kleidung anziehen, in der sie aussieht wie eine Straßenprostituierte.

Demütigungen beim Einkaufen

- Fordere deinen männlichen Partner auf, sich bei den Verkäuferinnen in einem Geschäft für Unterwäsche nach Frauendessous zu erkundigen, die ihm stehen würden, während du ihn aus einiger Entfernung beobachtest.

- Geh selbst mit ihm in ein Dessousgeschäft, wähle Wäsche für ihn aus, halte sie ihm vor den Schoß und frage dich laut, wie gut sie ihm stehen würde. Du kannst dich bei den Verkäuferinnen auch nach Dessous in seiner Größe erkundigen, ohne dabei die Stimme zu senken.

- Lass ihn sich in einer Apotheke nach Kondomen in ausdrücklich der kleinsten Größe erkundigen.

- Lass ihn einen Schönheitssalon für Damen besuchen und sich eine Gesichtskosmetik verpassen und/oder die Zehennägel lackieren. Das wirkt besonders demütigend, wenn deinem Partner die Verkörperung kerniger Männlichkeit besonders wichtig ist.

- Lass ihn beim gemeinsamen Shopping deine Handtasche und sämtliche Einkäufe tragen, wobei er einige Schritte hinter dir zu gehen hat. Bezahle alle Einkäufe mit seiner Kreditkarte. Dein Partner darf (beziehungsweise muss) aber nach vorn spurten, um Türen für dich zu öffnen.

- Lass deine Partnerin in einem Supermarkt eine große Salatgurke und eine Dose Vaseline oder Gleitgel auf das Kassenband legen.

- Lege deinem Partner beim Einkaufen im Supermarkt Handschellen an. Fessle damit seine Gelenke an den Einkaufswagen oder fessle seine Arme hinter seinem Rücken. Wenn es euch zu heikel ist, dass jeder diese Fesselung sieht, streife deinem Partner eine Jacke über die Schultern, sodass er die Handschellen verbergen kann, solange er sich vorsichtig genug bewegt.

- Binde deinen Partner vor dem Supermarkt an, während du einkaufen gehst.

- Besuche mit deinem Partner ein Geschäft für Haustierzubehör und lass ihn dort verschiedene Halsbänder anprobieren.

- Besuche mit deinem Partner ein Schuhgeschäft und lass dir von ihm dort auf Knien ein Paar nach dem anderen anlegen, bevor du dich entscheidest.

- Besuche mit deinem Partner einen Sexshop und lasse ihn verschiedene Outfits anprobieren und dir so vorführen, dass auch andere Kunden Freude daran haben.

Demütigungen im Restaurant

Für einige der hier genannten Aktionen empfiehlt sich ein Tisch, der sich in einigem Abstand von den anderen Gästen befindet, sowie ein Restaurant mit nicht allzu aufdringlichem Personal. Bei anderen Aktionen macht es das Spiel gerade unterhaltsam, wenn andere Menschen es mitbekommen. Entscheidet nach eurer Nervenstärke und eurem Geschmack.

- Befestige vor dem Betreten des Restaurants einen leise oder lautlos summenden Vibrator so am Schoß deines Partners, dass die Spitze des Geräts an seiner Peniswurzel beziehungsweise an ihrer Klitoris anliegt. Versuche dann an einem Tisch ein normales Gespräch mit deinem Partner zu führen, als wäre alles so wie sonst.

- Bestelle deinem Partner eine kleine Speise wie einen Salat und befiehl ihm, den Salat ohne die Benutzung seiner Hände zu verzehren.

- Gib deinem Partner nur deine Reste zu essen – von der Vorspeise bis zum Dessert.

- Lass deinen Partner anfangs neben dem Tisch knien und dich darum anbetteln, dass er sich dir gegenüber setzen darf.

- Lass deinen Partner neben dem Tisch knien und deine Füße massieren.

- Lass ihn darum betteln, dass er auf Toilette gehen darf. Das ist besonders wirkungsvoll, wenn du ihn vorher Unmengen von Wasser hast trinken lassen. (Dieses Spiel kann auch außerhalb eines Restaurants stattfinden.)

- Befiehl deinem männlichen Partner, sich auf der Toilette einen runterzuholen. Das Sperma hat er in einem kleinen Behälter aufzufangen, den du ihm dafür gibst, und danach auf seinen Salat zu gießen, bevor er ihn verzehrt. Als Alternative lässt sich Sperma auch über Speiseeis, Toast et cetera gießen – oder du befiehlst deinem Partner, beim Essen jeden Bissen erst mal in das Behältnis mit dem Sperma zu tunken. Wenn euch der entsprechende Behälter fehlt, kannst du deinen Partner auch sein Getränk mit auf die Toilette nehmen lassen, um dort hinein zu ejakulieren, damit an den Tisch zurückkehren und es dann zu trinken.

- Spucke in sein Essen, bevor er es verzehrt – oder klopfe die Asche deiner Zigarette darauf.

- Befiehl deiner Partnerin, unter ihrem Rock heimlich ihr Höschen auszuziehen und mit nacktem Hintern auf ihrem Stuhl sitzen zu bleiben. Lege das Höschen, wenn du möchtest, offen auf den Tisch.

- Befiehl deinem Partner, unter der Tischdecke heimlich zu onanieren.

- Lass deinen Partner allein essen, während er deutlich sichtbar ein reich bebildertes Magazin über erotische Demütigungen liest. Entsprechende Zeitschriften findet man in den meisten Sexshops.

- Lass dir von deinem Partner am Tisch eine Geschichte vorlesen, in der die Hauptfigur erniedrigt wird.

Demütigungen in einem Club

- Schwärme deinem Partner vor, wie toll bestimmte andere Besucher des Clubs aussehen, und male dir laut aus, wie toll es wäre, mit ihnen Sex zu haben.

- Lass deinen Partner brav an der Bar warten, während er dabei zusehen muss, wie du mit anderen Besuchern flirtest und tanzt.

- Lass dir von deinem Partner mitten im Club die Füße küssen.

- Wenn der Club über eine verspiegelte Tanzfläche verfügt, befiehl deiner Partnerin, sich dort fünf Minuten lang ohne Slip und mit kurzem Rock hinzustellen.

- Befiehl deiner Partnerin, keinen Slip und einen superkurzen Rock zu tragen und sich irgendwo so hinzusetzen, dass jemand anderes merken kann, dass sie keine Unterwäsche trägt. Befiehl ihr dann, Männer (oder Frauen) anzuflirten, die ihr gefallen. Du kannst diese Aufgabe verschärfen, wenn du von deiner Partnerin verlangst, dass sie einen Clubbesucher dazu bringen soll, ihr zwischen die Beine zu greifen.

- Wenn der Club über eine Tanzstange verfügt, befiehl deiner Partnerin, daran mehrere Minuten lang einen Tanz wie ein Go-go-Girl hinzulegen. Das ist besonders erniedrigend, wenn deine Partnerin das überhaupt nicht kann und deshalb sehr unbeholfen ist, was auf die Zuschauer wie »gewollt und nicht gekonnt« wirkt.

- Befiehl deinem Partner, Besucher seines Geschlechts anzuflirten (immer angenommen, er ist nicht bisexuell, sodass er Spaß daran hätte).

- Lass deinen männlichen Partner sich bei attraktiven Frauen darüber beklagen, dass er schon lange keinen Sex mehr mit dir haben durfte, weil er einen so mickrigen Penis hat, der dich nicht befriedigen kann, woraufhin er diese Frauen um ein Date bitten muss.

- Befiehl deinem Partner, eine Person des anderen Geschlechts anzusprechen, die er attraktiv findet, um ihr zu berichten, dass er auf erotische Demütigungen steht, und sie zu fragen, ob sie gern mal dabei wäre. Falls die angesprochene Person nachhakt, was genau dein Partner meint, hat er Beispiele zu nennen. Stellt euch darauf ein, eure Einladung dann aber vielleicht auch umsetzen zu müssen.

Meiner Einschätzung nach kann man in einem Club ein wenig mehr wagen, was erotische Spiele angeht, weil die Leute dorthin gehen, um Spaß durch zwischenmenschliche Kontakte zu haben. Trotzdem sollte natürlich auch hier kein Kontakt übergriffig sein. Sobald ihr bei einer angesprochenen Person Signale wahrnehmt, dass sie sich ernsthaft irritiert oder unwohl fühlt, solltet ihr euch zurückziehen. Denkt daran, dass einer von euch beiden in eine peinliche Situation gebracht werden soll, und nicht jemand Fremdes.

Demütigungen an einem Baggersee, am Strand oder in einem Freibad

- Gehe mit deiner Partnerin ins Wasser, wo sie sich an einer etwas abgelegeneren Stelle heimlich befingern muss, bis sie kommt. Gib ihr dabei den nötigen Sichtschutz.

- Verhilf deinem männlichen Partner unter Wasser zu einer Erektion. Schicke ihn dann los, um dir zum Beispiel ein Eis zu holen oder was immer sich sonst an diesem Ort anbietet.

- Befiehl deiner Partnerin, sich mit weit gespreizten Beinen auf einer Liegewiese zu platzieren. Selbst wenn sie Badekleidung trägt, wird ihr diese Haltung peinlich sein, und sie dürfte so manche Blicke auf sich ziehen.

Andere Demütigungen in der Öffentlichkeit

- Erlaube deinem Partner einige Tage lang nicht, sich zu waschen, bis er zu müffeln beginnt. Besuche dann mit ihm Partys. Diese Methode ist vor allem effektiv, wenn dein Partner einen Job ausübt, der sich negativ auf seinen Körpergeruch auswirkt. Sie empfiehlt sich weniger, wenn du mit deinem Partner nachts das Bett teilst.

- Pinkle deinen Partner voll oder lasse ihn ein Glas voll seines eigenen Urins über seinen Körper schütten. Lass den Körper deines Partners an der Luft trocknen. Befiehl deinem Partner dann, sich anzuziehen, um mit dir spazieren zu gehen.

- Lass deine Partnerin sich am Handy auch an öffentlichen Orten nur mit festgelegten Sätzen wie »Ja, hier ist die Dreilochstute Chantal, was kann ich für dich tun?« melden, wenn sie deine

Nummer auf dem Display sieht, als wäre sie eine Sexarbeiterin. Bestehe auf einer verführerischen Tonlage.

- Befiehl deinem Partner, dich immer als »Herrin« oder »Herr« anzusprechen, wenn ihr gemeinsam in der Öffentlichkeit unterwegs seid.

- Befiehl ihm, in der Öffentlichkeit niederzuknien und deine Schuhe mit einem Taschentuch zu reinigen.

- Lass deinen Partner ein volles Kondom im Mund tragen, wenn er in der Öffentlichkeit unterwegs ist.

- Lass deinen Partner ein T-Shirt mit einem peinlichen Aufdruck wie »Vorsicht! Kommt immer zu früh!« oder »Kriegt keinen hoch!« tragen. Das solltet ihr aber wirklich nur an Orten tun, wo euch garantiert keiner kennt – vielleicht auch an einem Ort, wo nicht jeder Deutsch spricht, sodass dein Partner sich nie sicher sein kann, ob sein Gegenüber die Aufschrift versteht.

- Lass deine Partnerin in nuttiger Aufmachung im Rotlichtbezirk der nächsten Stadt unterwegs sein. Halte dich aber sicherheitshalber in der Nähe, um bei einem unerwarteten Konflikt eingreifen zu können.

- Schreibe deinem Partner am Strand mit Sonnencreme ein Wort wie »Sklave« auf Bauch oder Rücken und lass ihn sich dann ordentlich bräunen.

- Lass deinen Sklaven die Gartenarbeit im Mini- oder Mikrorock und mit Stöckelschuhen erledigen.

- Lass deinen Partner in dieser oder ähnlich aufreizender Kleidung deinen Wagen waschen.

- Erlaube deinem Partner, nur auf allen vieren an einem öffentlichen oder halb öffentlichen Ort (etwa Wald oder Garten) zu pinkeln.

- Lass deinen Partner einen Cockring oder Ähnliches tragen, wenn du weißt, dass er durch die Metalldetektoren eines Flughafens hindurchmuss.

- Berichte deinen Freundinnen oder Freunden ausführlich von den sexuellen Vorlieben deines Partners, während er danebensteht. Amüsiert euch über Aspekte, die deinen Partner besonders bloßstellen. Fordere deinen Partner auf, selbst über verschiedene Dinge zu berichten: über Erlebnisse, die besonders unangenehm für ihn waren, über Regeln, denen du ihn zu Hause unterwirfst, bis zu seinen peinlichsten Sexfantasien.

- Lass ihn in der Öffentlichkeit mit niemandem sprechen, sondern sich nur per Zeichensprache verständigen. Seine Bemühungen dabei können überraschend unterhaltsam sein.

- Lass deine Partnerin nur mit extrem kurzem Rock und offenherzigem Top eine von dir ausgewählte Route mit dem Rad zurücklegen. Diese Aktion kannst du mit einem eingeführten (Anal-)Dildo oder Vibrator verschärfen.

- Wenn dein Partner an seinem Arbeitsplatz über ein eigenes Büro verfügt, ordne an, dass er sich dort immer niederzuknien hat, wenn du ihn anrufst. Sollte überraschend jemand in sein Büro stürmen, ohne anzuklopfen, kann dein Partner immer noch so tun, als wollte er gerade etwas vom Fußboden aufheben. Da dein Partner aus nachvollziehbaren Gründen nicht wirklich vor seinen Kollegen gedemütigt werden soll, findet die Erniedrigung für ihn vor allem einmal mehr in seinem Kopf statt.

- Wenn dein Partner beim Orgasmus sehr laut ist, nimm sein Stöhnen auf und mach es zum Klingelton seines Handys.

- Sprich deinem Partner einen Befehl wie »Geh ran, Loser!« oder »Geh ran, Schlampe!« als Klingelton aufs Handy.

- Lass deinen Partner einen vibrierenden Dildo in Hintern oder Möse tragen, dessen Vibrationen du per Fernsteuerung an- und abstellen kannst. Dieses Spiel kann besonders prickelnd werden, wenn du die Fernsteuerung einer dritten Person übergibst.

- Lass deine Partnerin in ihrer Möse Liebeskugeln tragen, die hörbare Töne von sich geben, wenn sie sich heftig bewegt. Besuche dann mit ihr ein Fitnessstudio und schicke sie dort zum Beispiel auf ein Laufband.

- Besuche mit deiner Partnerin eine Erotik-Messe, wo du sie sich ausziehen lässt (komplett oder bis auf reizvolle Unterwäsche) und ihr ein Halsband mit Leine umlegst, woran du sie durch die Messe führst. Auch diese Aktion empfiehlt sich an einem Ort, wo euch niemand kennen sollte.

- Verpasse deinem Partner eine öffentliche Ohrfeige für ein Fehlverhalten welcher Art auch immer, woraufhin er dich um Verzeihung zu bitten hat.

- Lass deinen Partner in einer Fotokabine Aufnahmen mit nacktem Oberkörper und auf demütigende Weise – also zum Beispiel mit heraushängender Zunge – machen. Geht dann davon, ohne die Fotos aus dem Fach zu nehmen. Aus offensichtlichen Gründen empfiehlt sich diese Aktion nicht in eurer Heimatstadt.

- Befiehl deiner Partnerin, sich mit unbekleidetem Oberkörper an öffentlichen Orten zu zeigen, wo das gestattet ist, also etwa an bestimmten Stränden, Freibädern oder Hotelpools. Natürlich gehört das zu den vielen Dingen, die nur demütigend sind, wenn deine Partnerin es so empfindet. Viele Frauen haben offenkundig überhaupt keine Probleme damit, ihre Brüste zu zeigen. Auch ein Mikro-Bikini, der weit mehr zeigt, als er verhüllt, kann für manche Frauen demütigend sein.

- Befiehl deinem Partner, zum Beispiel in der Fußgängerzone die Passanten so lange nach einem Kondom zu fragen, bis er eines bekommt. Das kann besonders lustig (für dich) sein, wenn du deinen Partner zuvor einige Zeit lang keusch gehalten hast und ihm mitteilst, dass er nur einen Orgasmus erlaubt bekommt, wenn ihm ein Fremder ein Kondom schenkt. Nach den ersten ablehnenden Reaktionen dürfte sein Betteln zunehmend verzweifelt klingen.

Welche weiteren erotischen Demütigungen sind vorstellbar?

Zuletzt habe ich einige Demütigungen zusammengestellt, die nicht so recht in eines der vorangegangenen Kapitel passen:

- Lass deinen Partner für eine bestimmte Dauer nur noch auf Flächen kommen, von denen er danach sein eigenes Sperma aufzulecken hat, bis alles sauber ist und keine Spuren übrig bleiben.

- Lass deinen Partner deine Füße küssen, während er »den Fußboden fickt«, sich also daran reibt, um zum Orgasmus zu gelangen.

- Befiehl deiner Partnerin, sich in einem möglichst heißen Striptease zu entkleiden, dabei möglichst aufreizend zu tanzen und ihren Körper anzupreisen wie eine Professionelle. Filme diese Show und zeige sie dann deiner Partnerin, wobei du dich mit spöttischen Kommentaren nicht zurückhältst.

- Lass deine Partnerin eine Pizza bestellen, um den Auslieferer dann nur in Dessous und Stöckelschuhen (oder einer ähnlich bloßstellenden Garderobe) zu empfangen und ihn hereinzubitten. Während sie umständlich nach dem Geld suchen, kann er sie ausgiebig betrachten.

- Lass deinen männlichen Partner aus Gips oder Ton ein Duplikat seines Penis herstellen (wie das funktioniert, erfährst du leicht über Google) und befiehl ihm, diesem Duplikat dann ausgiebig »einen zu blasen«. Nimm deinen Partner von hinten erst mit diesem Duplikat und danach mit deinem stattlichsten Dildo. Frage ihn, ob er den Unterschied zwischen seinem Schwanz und dem Schwanz eines echten Mannes spüren kann.

- Wenn ihr getrennte Wohnungen habt, lass deinen Partner deine Bleibe nur betreten, wenn er das auf Knien tut und sich zuvor in einem Flur oder Vorraum vollkommen entkleidet hat.

- Während du gemütlich an einem Tisch speist – eventuell etwas, was dein Partner für dich zubereitet hat –, lässt du für ihn ab und zu einige Brocken auf den Boden fallen.

- Befiehl deinem Partner, sich von deinen Essensabfällen zu ernähren, die du in eine Mülltonne geworfen hast.

- Gib deinem Partner nur Dinge zu essen, die du zuvor in deine Möse gesteckt hast.

- Befiehl deinem Partner, deinen Hintern zu küssen und/oder die Spalte deines Pos zu lecken. Wenn dein Partner ein Mann ist, mache ihm zusätzlich zur Auflage, dass er keine Erektion haben darf. Wenn ihm das misslingt, bestrafst du ihn. Ein Sicherheitshinweis zu diesem Spiel: Wenn die Zunge deines Lovers in deinem Hintern zum Einsatz kommt, sollte er nicht direkt danach zum Lecken deiner Möse überzugehen, weil dabei Bakterien transportiert werden können.

- Befiehl deinem Partner, die Zunge herauszustrecken, woraufhin du eine oder mehrere Wäscheklammern hineinzwickst, sodass dein Partner sie nicht mehr zurückziehen und den Mund nicht schließen kann. Jetzt kann sich dein Lover nur noch durch Hecheln und Lallen verständigen und fängt früher oder später unweigerlich an zu sabbern.

- Zum ständigen Sabbern kannst du deinen Partner auch bringen, wenn du ihn einen Ringknebel tragen und viel sprechen lässt. (Bei vielen Ringknebeln kann sich dein Partner halbwegs verständlich artikulieren; sie sorgen vor allem dafür, dass sein Mund offen bleibt.)

- Bringe deinem Partner erst mit Gurken und Bananen und dann mit Dildos bei, wie man professionell einen Penis lutscht.

- Befestige einen Dildo mit einer Saugfläche an der Basis an einem Ganzkörperspiegel und lass deine Partnerin den Dildo lutschen, während du sie von hinten nimmst.

- Bringe deine Partnerin dazu, mit einer Frau Sex zu haben, die ihr über ein Kontaktforum oder einen Swinger-Club kennengelernt habt, obwohl sie nicht so richtig auf Frauen steht. Du siehst dabei zu. (Dieselbe Aktion ist in der Regel sehr viel schwieriger durchzuführen, wenn dein Partner männlich ist, denn bei heterosexuellen Männern ist die Schwellenangst vor homosexuellen Kontakten oft deutlich größer.)

- Lass deinen Partner durch ein Modemagazin blättern und dir erläutern, inwiefern er nicht so attraktiv ist wie die gezeigten Models seines Geschlechts.

- In der Kommentarspalte unter einem Artikel über denkbare Demütigungen berichtet ein Leser, welches Spiel seine Partnerin mit ihm spielt: *»Sie fährt mich zu einem Parkplatz und befiehlt mir, mich auf den Rücksitz zu setzen, mich nackt auszuziehen und ihr meine gesamte Kleidung zu übergeben. Dann legt sie sie in den Kofferraum. Jetzt habe ich die Wahl. Entweder verlasse ich die relative Sicherheit des Autos, um meine Kleidung zurückzuholen, und hoffe, dass meine Partnerin nicht die Autotüren abschließt oder wegfährt und mich nackt zurücklässt. Oder sie fährt mit mir nackt auf dem Rücksitz nach Hause durch die Innenstadt und holt unterwegs* *ein paar ihrer Freunde ab.«* Überlege dir, ob und wie du dieses Spiel an eure Bedürfnisse anpassen kannst.

- Einige der auf den vorangegangenen Seiten vorgestellten Demütigungen stammen aus Woschofius empfehlenswerten Bänden von »Buch der Strafen« (siehe Literaturliste), die noch viele weitere Ideen einschließlich reizvoller SM-Aktionen ohne den Faktor Demütigung enthalten. Viele Demütigungs-Ideen in Woschofius Büchern sind gewagter als die hier gesammelten Vorschläge, die eher für Anfänger gedacht sind. Insofern seien Woschofius Bücher gerade Menschen empfohlen, die Appetit an erotischen Demütigungen gewonnen haben und in diesem Bereich nach noch intensiveren Erlebnissen suchen.

- Du kannst deinem Partner immer auch befehlen, dir eigene Vorschläge anzubieten, wie du ihn erniedrigen solltest. Drohe ihm mit einer wirklich unangenehmen Strafe, wenn du seine Vorschläge zu läppisch und nicht ausreichend amüsant findest.

Wichtig ist aber bei allen auf den letzten Seiten vorgestellten Demütigungsspielen, dass dein Partner sie jederzeit mit einem Safeword abbrechen kann, wenn er feststellt, dass sie ihm zu viel werden.

Damit habe ich hoffentlich alles Hilfreiche erklärt, was ich zum Thema »erotische Demütigung« sagen kann. Ab jetzt liegt es an euch, gemeinsam auszuloten, wie ihr das richtige Maß findet, das euch beiden den gewünschten Kick verschafft.

Um diese heiße Story (12 Seiten)
von Arne Hoffmann zu lesen,
füllen Sie einfach die beiliegende
Postkarte aus oder
geben Sie folgenden Code

AH12TBWBCJ

im Internet auf www.lebe.jetzt ein.

Verwendete Literatur

Die folgenden Texte habe ich zurate gezogen, um dieses Buch zu schreiben. Dabei habe ich auf Fußnoten verzichtet, damit dieser Ratgeber nicht wie eine wissenschaftliche Arbeit aussieht und weil oft viele verschiedene Quellen dieselben Informationen enthalten. Oft verrät aber schon der Titel der hier aufgeführten Quelle, für welche Passage dieses Buches sie eine der Grundlagen war. Passagen, bei denen ich mich besonders stark an eine bestimmte Quelle gehalten habe, sind speziell ausgewiesen.

- Casanova, Camilla: The Joys of Verbal Humiliation. Online unter https://medium.com/@worshipmistresscamilla/the-joys-of-verbal-humiliation-812433ebdd4b.
- ChrisM: Sweet Shame: Humbling, psychological and verbal domination. Online unter http://www.leathernroses.com/generalbdsm/chrisMsweetshameone.htm.
- Cuffsmaster: Slave Humiliation Training. Online unter http://bestslavetraining.com/training-techniques/slave-humiliation.
- Darling, Mona: How To Humiliate Your Partner: Trigger Words 101. Online unter https://www.kinkacademy.com/2017/10/humiliate-your-partner-trigger-words-mona-darling.
- Easton, Dossie und Hardy, Janet: The New Bottoming Book. Greenery Press 2001, S. 146–147.
- Forman, Bob: Humiliation Ideas. Online unter http://www.frugaldomme.com/esoteric/techniq2.htm.
- Fournier, Anabelle Bernard: Think Humiliation's a Turn-On? Here's How to Talk to Your Partner About It. Online unter https://www.kinkly.com/think-humiliations-turn-on-heres-how-to-talk-to-your-partner-about-it/2/13440.
- Grimme, Matthias T. J.: Das SM-Handbuch. Charon 1996, S. 121–122.

- HelloFlo: What's Erotic Verbal Humiliation? Online unter https://www.sheknows.com/health-and-wellness/articles/1138247/erotic-verbal-humiliation.
- Hoffmann, Arne: Die ersten Schritte SM. lebe.jetzt 2018.
- Hoffmann, Arne: Dominanz. lebe.jetzt 2018.
- Hoffmann, Arne: Offene Worte: Dominas. Marterpfahl 2008.
- Hoffmann, Arne: Femdom. lebe.jetzt 2020.
- Hoffmann, Arne: Lustvolle Unterwerfung. Marterpfahl 2004.
- Hoffmann, Arne: Schatz, ich bin ein Ferkel. Salax 2019.
- Hoffmann, Arne: SM-Lexikon. Passion Publishing 2010.
- Kennedy, Erin: Wanna Act Kinky in Public? Here's How to Do It Incognito. Online unter https://www.kinkly.com/2/13962/sex-tips/bdsm/wanna-act-kinky-in-public-heres-how-to-do-it-incognito.
- Lane, Nicole: Why Some People Find Verbal Humiliation Hot—and How to Try It. Online unter https://stylecaster.com/erotic-verbal-humiliation.
- Lords, Kayla: What Is Humiliation Play? Online unter https://lovingbdsm.kaylalords.com/2018/03/01/humiliation-play.
- Loveandsex: BDSM – What Is Erotic Humiliation? Online unter https://loveandsexanswers.com/bdsm-what-is-erotic-humiliation.
- M. Christian: Talking Dirty: Things to Say If Your Partner's Into Humiliation Play. Online unter https://www.kinkly.com/talking-dirty-things-to-say-if-your-partners-into-humiliation-play/2/16969.
- Master Bishop: The Do's and Don'ts of Humiliation Training. Online unter https://bdsmtrainingacademy.com/dos-donts-humiliation-training.
- Master Bishop und Mistress Sophia: Humiliation and Your Slave Training. Online unter https://bdsmtrainingacademy.com/humiliation-and-your-slave-training.
- Mastermarc: 90 Creative Ideas for Erotic Humiliation & Degradation. Online unter http://www.devianceanddesire.com/2016/03/creative-humiliation-degradation-ideas/.
- Mastermarc: Erotic Humiliation and Degradation. Online unter https://www.devianceanddesire.com/2015/04/erotic-humiliation-and-degradation.
- Masters, Peter: Humiliation. Online unter https://www.peter-masters.com/wiki/index.php/Humiliation.
- Masters, Peter: Objectification. Online unter https://www.peter-masters.com/wiki/index.php/Objectification.
- Miller, Philip und Devon, Molly: Screw the Roses, Send Me the Thorns: The Romance

and Sexual Sorcery of Sadomasochism. Mystic Rose Books 1995, S. 191.

- Miller, Shaun: BDSM. In: Raja Halwani und andere (Herausgeber): The Philosophy of Sex. Siebte Auflage. Rowman & Littlefield 2017.
- Mistress Ava: Erotic humiliation: when shame turns into arousal. Online unter https://www.twentysomethinghumans.com/single-post/2018/09/23/Erotic-humiliation-when-shame-turns-into-arousal.
- Mistress Cindy: 50 Humiliating and Emasculating Ideas for Your Submissive Man. Online unter https://femdoming.com/lifestyle/femdom-tips/50-humiliating-and-emasculating-ideas-submissive-man.
- Mistress Kay: Clothed Female, Naked Male (CFNM) 101. Online unter https://www.kinkly.com/clothed-female-naked-male-cfnm-101/2/17422.
- Mistress Sophia: The Purpose Of Humiliation Training. Online unter https://bdsmtrainingacademy.com/the-purpose-of-humiliation-training.
- N.N.: Bimbos and bimbofication! What is it? How do we write it? Who buys it? Online unter https://www.reddit.com/r/eroticauthors/comments/3jfi8v/niche_of_the_week_bimbos_and_bimbofication_what.
- N.N.: Category: Humiliation. Online unter http://bdsmwiki.info/Category:Humiliation.
- N.N.: How do you humiliate a submissive online? Online unter https://www.quora.com/How-do-you-humiliate-a-submissive-online.
- N.N.: How to Keep Humiliation Play Hot and Humane. Online unter https://www.fetish.com/magazine/bdsm/how-to-keep-humiliation-play-hot-humane.
- N.N.: Humiliation. Online unter https://www.latexwiki.com/index.php?title=Humiliation_(BDSM).
- N.N.: Humiliation and Degradation in BDSM. Online unter http://www.asubmissivesjourney.com/humiliation_degradation.html.
- Princess Kali: Enough to Make You Blush. Exploring Erotic Humiliation. Erotication Publications 2015.
- Princess Kali: Here a landmine, there a landmine: What to do when things go wrong. Online unter https://www.enoughtomakeyoublush.com/here-a-landmine-there-a-landmine-what-to-do-when-things-go-wrong.
- Pseudonymous: The MEGA list of Erotic Humiliation ideas (195 strong!). Online unter https://lustmoments.com/the-mega-list-of-erotic-humiliation-ideas-195-strong.
- Robyn: 70 BDSM Humiliation and Degradation Ideas for Your Submissive. Online

unter https://de.lovense.com/bdsm-blog/bdsm-humiliation.

- Ryder Doll: We're All Gonna Laugh At You: The Basics of Verbal Erotic Humiliation. Nicht mehr online. Ursprünglich abgerufen unter http://www.ryderdoll.com/blog/gonna-laugh-basics-verbal-erotic-humiliation.
- Saint-Cyr, Sienna: Exploring Sweet BDSM Humiliation. Online unter https://www.fetish.com/magazine/fetish-scene/sweet-sweet-humiliation-fetish.
- Sir Viktor: Humiliation Chart – Ideas for BDSM Humiliation Play. Online unter https://bdsmcafe.com/resources/bdsm-activities-guides-tutorials/humiliation-chart-ideas-bdsm-humiliation-play.
- Sonja: Sexual Objectification & BDSM. Online unter https://boldpleasures.com/featured/sexual-objectification-bdsm.
- Technogeisha, Miko: Sensual Mind Games & Giving Up Control – Humiliation in BDSM and Kink. Online unter https://www.lifeontheswingset.com/11279/sensual-mind-games-and-giving-up-control-humiliation-in-bdsm-and-kink.
- Veaux, Franklin: How do I satisfy my girlfriend's objectification fetish? Online unter https://www.quora.com/How-do-I-satisfy-my-girlfriend-s-objectification-fetish.
- Wikipedia: diverse Einträge.
- Wipipedia: diverse Einträge.
- Wiseman, Jay: SM 101: A Realistic Introduction. Greenery Press 1998, S. 242–243.
- Woschofius: Das Buch der Strafen. Salax 2015.
- Woschofius: Das Buch der Strafen 2: 365 Strafen – Eine Strafe für jeden Tag, denn keine Strafe ist auch keine Lösung! Salax 2016.
- Zandrock: BDSM 101—Erotic Humiliation. Online unter https://www.edenfantasys.com/sexis/sex-and-relationships/bdsm-101-erotic.

ZITATE

- 1 Vgl. ausführlicher zu den hierzu vorliegenden Untersuchungen Hoffmann, Arne: Schatz, ich bin ein Ferkel. Salax 2019, S. 24–30.
- 2 Wie man seinem Partner beibringt, dass man beim Sex auf ungewöhnliche Praktiken steht, lässt sich nicht immer in wenigen Sätzen vermitteln. Deshalb habe ich dazu einen eigenen Ratgeber geschrieben: Schatz, ich bin ein Ferkel: Der Wunsch nach Mehr im Bett und wie man es dem Partner sagt. Salax 2019.
- 3 Vgl. Princess Kali: Enough to Make You Blush, Erotication 2015, S. 78–79.

- 4 Vgl. Hoffmann, Arne: Dominas. Marterpfahl 2008, S. 133–134.
- 5 Vgl. zu dieser Debatte Miller, Shaun: BDSM. In: Raja Halwani und andere (Herausgeber): The Philosophy of Sex. Siebte Auflage. Rowman & Littlefield 2017.
- 6 Vgl. Hoffmann, Arne: Lustvolle Unterwerfung. Marterpfahl 2004, S. 65.
- 7 Vgl. Princess Kali: Enough to Make You Blush. Erotication 2015, S. 62–63.
- 8 Vgl. Princess Kali: Here a landmine, there a landmine: What to do when things go wrong. Online unter https://www.enoughtomakeyoublush.com/here-a-landmine-there-a-landmine-what-to-do-when-things-go-wrong.
- 9 Vgl. ChrisM: Sweet Shame: Humbling, psychological and verbal domination. Online unter http://www.leathernroses.com/generalbdsm/chrisMsweetshameone.htm.
- 10 Vgl. hierzu beispielsweise Enraylls, Ruby: BDSM Advice: The Ultimate Human Toilet Guide. Online unter https://www.rubylovesyou.com/2018/08/08/the-ultimate-human-toilet-guide-why-risks-and-surprising-health-benefits.
- 11 Vgl. Princess Kali: Enough to Make You Blush. Erotication 2015, S. 120–121.
- 12 Vgl. Hoffmann, Arne: Lustvolle Unterwerfung. Marterpfahl 2004, S. 66.
- 13 Vgl. Princess Kali: Enough to Make You Blush. Erotication 2015, S. 162–163.
- 14 Vgl. Hoffmann, Arne: Lustvolle Unterwerfung. Marterpfahl 2004, S. 66.
- 16 Vgl. Mastermarc: 90 Creative Ideas for Erotic Humiliation & Degradation. Online unter http://www.devianceanddesire.com/2016/03/creative-humiliation-degradation-ideas.